COLLECTION DE LA COMBE

CATALOGUE

DES

TABLEAUX ANCIENS & MODERNES

AQUARELLES & DESSINS

LITHOGRAPHIES

EAUX-FORTES, ESTAMPES ET LIVRES A FIGURES

COMPOSANT LE CABINET

De feu le colonel DE LA COMBE

DONT LA VENTE AURA LIEU

HOTEL DES COMMISSAIRES-PRISEURS, RUE DROUOT, 5

Salle n° 4

Les Lundi 2, Mardi 3, Mercredi 4, Jeudi 5
et Vendredi 6 Février 1863

A UNE HEURE ET DEMIE TRÈS-PRÉCISE

Par le ministère de Mᶜ **Delbergue-Cormont**, commissaire-priseur,
rue de Provence, 8,

Assisté, pour les Tableaux, Aquarelles et Dessins, de M. Francis PETIT, expert,
43, rue de Provence,

Et pour les Lithographies, Estampes et Livres à figures, de M. CLÉMENT, marchand
d'estampes de la Bibliothèque Impériale, rue des Saints-Pères, 3.

EXPOSITIONS { *particulière*, le samedi 31 janvier.
{ *publique*, le dimanche 1ᵉʳ février.

PARIS—1863

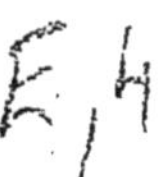

PARIS. — IMPRIMÉ CHEZ BONAVENTURE ET DUCESSOIS,
55, QUAI DES AUGUSTINS.

ORDRE DES VACATIONS :

Lundi 2 février
LES TABLEAUX ANCIENS ET MODERNES

Mardi 3 février
LES DESSINS ET AQUARELLES

Mercredi 4, jeudi 5 et vendredi 6 février
LES LITHOGRAPHIES, EAUX-FORTES, ESTAMPES
ET LIVRES A FIGURES

En suivant l'ordre du catalogue.

CONDITIONS DE LA VENTE :

La vente sera faite au comptant.

Les acheteurs payeront 5 p. 100 en plus applicables aux frais.

M. de La Combe (Joseph-Félix Le Blanc), né à Lorient, le 18 mai 1790, fit ses premières armes dans l'artillerie de marine, et prit une part active aux dernières scènes du grand drame de l'Empire. Dès les premiers jours de la Restauration, il entra dans les gardes du corps, et parvint rapidement au grade de lieutenant-colonel d'artillerie de ligne. Il était colonel lorsque survint la Révolution de 1830, époque à laquelle il rentra dans la vie civile. Il habitait Tours depuis nombre d'années, lorsque la mort vint l'y surprendre, le 28 mai 1862, l'enlevant brusquement aux amitiés sincères, aux sympathies universelles que lui conquéraient son intelligence d'élite, son caractère loyal, son extérieur distingué et comme chevaleresque.

Sensible à toutes les manifestations de l'art et de l'esprit, M. de La Combe, qui avait joui, dans les salons, d'une grande réputation de musicien, avait réuni une collection assez importante de gravures anciennes, dont il se défit plus tard ; une nombreuse bibliothèque; des objets de curiosité ; des tableaux, des aquarelles et des cartons entiers de lithographies.

Lié avec CHARLET par des rapports plus étroits que ceux qui s'établissent d'ordinaire entre un amateur et un artiste, il recueillit de ce maître, pour le talent duquel il professait une admiratiou sans réserve, des tableaux, des aquarelles de la plus haute importance, des croquis curieux, et enfin son œuvre lithographique tout entier. A la vente posthume de son atelier, il fit monter les moindres lots à des enchères inespérées. Enfin il reporta sur ses meilleurs élèves quelque chose de son enthousiasme, et c'est à cette persistance touchante que nous devons cette réunion unique d'aquarelles de JUHEL, de L. CANON, d'HIPPOLYTE LALAISSE, etc.

Nul amateur ne fut jamais plus agité du feu sacré que le colonel de La Combe. Nul ne savait comme lui, dans un salon, donner à la conversation un ton artistique, expliquer les beautés des dessins qu'il avait apportés comme pièces à l'appui, échauffer son auditoire et le conquérir par de vives anecdotes. M. Hippolyte Flandrin, M. Eugène Delacroix, M. Hippolyte Bellangé entretenaient avec lui commerce de correspondances. M. Mène lui envoyait ses plus jolis bronzes et les signait au burin : *Au colonel de La Combe, Mène son élève...* Son élève en Charlet s'entend !

Nous-même, lorsque fut fondée la *Gazette des Beaux-arts*, nous avions été appelé à subir l'irrésistible ascendant de cette nature pleine de grâce et d'effusion. Il avait suffi de quelques lettres échangées, de quelques visites dans son intérieur à Tours, de quelques entrevues à Paris, pour que nous ressentissions une vive et respectueuse amitié. C'est en souvenir de ces rapports affectueux que nous avons accepté la tâche de rédiger le catalogue de son cabinet.

Nous avons donné de notre mieux le détail de ce que contient cette collection ; qu'on nous permette d'insister sur quelques points et d'attirer l'attention sur des morceaux qui pourraient passer inaperçus dans notre longue nomenclature.

De CHARLET, il ne nous reste presque rien à dire. Il nous faut renvoyer à ce livre vivant, spirituel, passionné, que le colonel de La Combe publia en 1856, sous ce titre : *Charlet, sa vie, ses lettres, suivies d'une description raisonnée de son œuvre lithographique*[1]. Nous en avons reproduit la substance dans notre catalogue. M. de la Combe avait recueilli pièce à pièce, et souvent au prix de grands sacrifices, toutes

---

[1] In-8. Paris, chez Paulin et Le Chevalier. — L'édition est épuisée depuis plusieurs années. M. Clément, expert, en tient quelques exemplaires à la disposition des amateurs.

Au moment où la mort est venue le frapper, M. de La Combe terminait le manuscrit pour une seconde édition.

ces lithographies qui sont la gloire de l'art familier sous la Restauration... Caricatures mordantes contre le régime jugé alors oppressif, exaltation du soldat des guerres de l'Empire, jeux d'enfants, mots spirituels, pensées philosophiques, gaietés titubantes de l'ivrogne, l'œuvre de Charlet, si haut prisé récemment par M. Eugène Delacroix, renferme, à côté des beautés épiques, les boutades les plus franchement gauloises. Celui dont on trouvera plus loin le détail est, on peut l'avancer, véritablement unique, pour le nombre et la beauté des épreuves. Et s'il y manquait quelques-unes de ces pièces dont on ne connaît qu'une épreuve, M. de La Combe obtenait de son heureux possesseur la permission d'en faire prendre un calque fidèle par l'un des plus habiles élèves de Charlet, M. L. Canon. Espérons que ce bel ensemble ne sera pas dispersé : l'expert, avant de le détailler, le mettra sur table dans son entier, à un prix déterminé. Il n'est pas de collection publique ou particulière, en France où à l'étranger, qui ne doive tenir à honneur de posséder l'œuvre de Charlet, du colonel de La Combe.

Mais puisque nous venons de prononcer ce mot de « collections nationales, » espérons aussi que le Louvre qui ne possède de CHARLET que des croquis insuffisants, voudra exposer dans ses galeries, à côté des aquarelles de Géricault, cette aquarelle si noble et si touchante, la *Mort du Cuirassier* ou cet important paysage, la *Voiture du Cantinier.* La France doit connaître toutes ses gloires. L'un des charmes de ce cabinet, c'était qu'au-dessus du carton qui renfermait l'œuvre gravé à l'eau-forte ou lithographié d'un maître, était accroché au mur quelqu'une de ses peintures ou quelqu'un de ses dessins.

Nous avons de M. Eugène Delacroix la suite, si rare aujourd'hui, de l'*Hamlet;* les épreuves d'essai du *Faust*, avec de splendides croquis sur les marges, des eaux-fortes et des études inédites; et nous avons aussi des aquarelles brillantes et passionnées, d'un sentiment profond et d'une exécution magistrale : trois scènes du *Faust*, des *Grecs blessés*, une *Lionne rampant dans son antre*, etc.

De Géricault, nous offrons aux amateurs ces lithographies qui, imprimées à Londres par Hüllmandel, ont à peine franchi le détroit; et ce *Combat de Chevaux dans une écurie*, dont une seconde épreuve atteignit, à la vente Parguez, l'enchère de 560 francs. Et encore une épreuve peut-être unique d'un *Cheval noir franchissant une barrière*.

De Decamps qui, en ce moment passionne à si juste titre l'attention publique, nous possédons les suites complètes de *Croquis* et de *Sujets de chasse*, de *Souvenirs de l'Orient;* imprimées sur chine, choisies avec le soin le plus rigoureux, conservées comme si elles sortaient de la presse, elles offrent l'intérêt de dessins originaux, par la franchise de l'effet, l'éclat de la couleur, le velouté du crayon. A ceux qui collectionnent à un point de vue spécial, nous signalerons, comme des raretés insignes, l'*Homme tombant dans un escalier*, la *Visite à l'Hôtel-Dieu*, d'autres pièces de la jeunesse de Decamps, et diverses épreuves d'essai avant les titres.

On sait le charme des lithographies de Bonington : quelques-unes valent ses limpides aquarelles. Celles que M. de La Combe avait recueillies, brillent par la fraîcheur des ciels, le détail net et franc de l'architecture, le modelé des terrains. Beaucoup de ces pièces sont avant la lettre. Nous ne connaissons que deux épreuves de la première pensée pour l'*Architecture au moyen âge*. La brillante eau-forte de Bonington, intitulée : *Vue de Bologne*, ne se rencontre plus qu'en Angleterre.

Espérons encore qu'on ne séparera pas cet œuvre d'Horace Vernet, classé avec tant d'ordre et complété avec tant de peine. Ces spirituels croquis, ces *scènes militaires*, disent toute une époque et donnent l'allure précise du soldat français sous la Restauration.

Lié personnellement, non-seulement, avec les artistes et les éditeurs, mais encore avec leurs imprimeurs, Villain, Motte, Bry, etc., M. de La Combe a pu recueillir de ces pièces qui, par un caprice du maître ou les hasards du tirage, n'ont quelquefois qu'une épreuve. Les amateurs trouveront de ces piquantes raretés, sorte d'épices pour les gourmets de la collection, aux noms de Raffet, de Roqueplan, d'Isabey, etc., etc. Sous les noms de la duchesse de BERRY, de HENRI DE FRANCE, de la princesse MARIE, du duc d'ORLÉANS, ils rencontreront de ces curiosités qui ne sortent de nobles cartons que pour les familiers intimes.

La collection de M. de La Combe était formée à un tout autre point de vue que celle de M. Parguez. Celui-ci avait essayé de réunir les matériaux figurés d'une histoire de la lithographie; M. de La Combe n'avait donné droit de séjour dans ses casiers, qu'aux pièces intéressant l'art véritable. Et c'est pour cela qu'à côté des *Arabes* de GROS, qui font pressentir M. Delacroix; des *Allégories* de GUÉRIN; de PRUD'HON, si suave dans la *Lecture*, si touchant dans sa *Famille malheureuse;* de l'*Odalisque* de M. INGRES, il avait conservé les *Paysages* de M. PAUL HUET, les scènes si ingénieuses de M. GAVARNI, et les compositions de M. A. DE LEMUD.

Nous ne prétendons pas aller plus loin, et dépasser les bornes d'un simple aperçu. Une collection d'une semblable importance, exige des amateurs une étude qu'ils ne peuvent faire que les pièces sous les yeux. Nous ne sommes point ami des longs discours, et nous ne voulons pas sortir du rôle modeste que nous nous sommes imposé en acceptant la rédaction de ce catalogue.

Nous y avons vu une occasion d'ajouter, après les noms d'artistes aimés, morts d'hier à peine, quelques dates biographiques que l'on cherche vainement dans les dictionnaires; de faire profiter quelques-uns de nos amis des notes

que nous avons patiemment recueillies sur les œuvres con-
temporaines, et de provoquer des critiques ou des éclair-
cissements. Car l'étude, si noble d'ailleurs, du passé,
absorbe tyranniquement les esprits les plus sains de notre
époque, les pousse à galvaniser des civilisations mortes,
à puiser des comparaisons et des exemples dans des temps
profondément dissemblables des nôtres, et à professer pour
les agitations du présent une olympienne indifférence. Mais
le présent deviendra à son tour le passé, un passé plein de
lueurs et d'obscurités, et dans un prochain avenir, on recueil-
lera avidement ce que l'on dédaigne aujourd'hui. Il ne sera
alors si petites choses qui ne semblent digne d'intérêt, et parmi
celles-là la lithographie tiendra son rang. On voudra bien se
souvenir alors, que Charlet, Géricault, Bonington, Decamps,
Raffet, Eugène Delacroix, s'en sont servi, en la pliant chacun
à son génie, pour lui faire exprimer les sentiments les plus
divers; qu'ils l'ont acceptée à son début, avec cette haute
intelligence de l'art vivant qu'avait l'école romantique, pour
s'en faire un intermédiaire familier et fidèle envers le public;
qu'ils ont compris qu'une belle lithographie est un dessin
tiré à plusieurs exemplaires.

La lithographie — je parle de celle des peintres, en réser-
vant l'estime que je fais, à d'autres point de vue, d'artistes
tels que MM. Mouilleron, Eugène Le Roux, Emile Ver-
nier, etc. — n'a brillé que pendant la jeunesse de nos maîtres
contemporains. Une production inintelligente l'a jetée plus

tard dans un effroyable discrédit, et dans ce cataclysme ont disparu les bonnes œuvres.

La plupart des morceaux que nous signalons dans cette vente sont extrêmement rares. Demain, il sera impossible de se les procurer, et l'on ira vainement interroger les cartons de nos collections publiques, restés vides ou incomplets, malgré le zèle de leurs conservateurs.

Ce jour-là encore on saura un gré infini d'avoir sauvé tant de choses exquises aux amateurs d'élite qui, comme M. de La Combe, ont su éviter les travers à la mode, les engouements retentissants, n'écoutant que les suggestions de leur goût, ne suivant que l'impulsion d'une préférence éclairée; et l'on cherchera dans le catalogue de leur cabinet, comme un vague reflet de leur aimable personnalité.

PHILIPPE BURTY.

ERRATUM.—Plusieurs erreurs typographiques, entre autres, page 31 et page 111, n'ont été constatées qu'après le tirage. Elles ont fait sauter des numéros ou les ont redoublés. Nous en avertissons les amateurs pour qu'ils ne croient point à des lacunes.

TABLEAUX ET DESSINS ANCIENS

ANCIENNE ÉCOLE ALLEMANDE.

1. Un cardinal en méditation devant un livre d'églisé.

GOOVAERTS (1711).

2. SCÈNE D'INTÉRIEUR.

Plusieurs personnages réunis font de la musique.

(Larg. 600 mill., haut. 480 mill.)

3. SCÈNE D'INTÉRIEUR.

Une jeune femme prenant le thé devant une table ronde, entourée de plusieurs personnages dont deux jouent aux cartes.

(Larg. 600, haut. 480.)

WILLAERTS.

4. LES PÊCHEURS.

Au fond, la mer; à droite, un moulin et un bateau ; à gauche, une femme et un jeune homme assis, des poissons à leurs pieds. Divers autres personnages.

(Signé d'un W renversé. Larg. 600, haut. 400.)

ZORG.

5. CUISINIÈRE HOLLANDAISE.

Elle tient d'une main un lièvre, et de l'autre une volaille; au fond, une femme travaille près d'une fenêtre.

(Haut. 570, larg. 780.)

F. MORLAND (1793).

6. CLAIRIÈRE.

Au pied d'un chêne énorme, quatre personnages sont réunis autour d'un foyer.

(Haut. 380, larg. 310.)

PÉRELLE.

7. Deux petits paysages ovales.

(Larg. 100, haut. 130.)

De LOUTHERBOURG (P. J.).

8. ANIMAUX DANS UN PAYSAGE.

Une vache couchée sur le bord de l'eau ; à gauche, deux autres vaches, deux moutons, un bélier, un petit chien.

(Larg. 700, haut. 570.)

CANTARINI dit le Pesarèze,

9. SAINTE FAMILLE.

La Vierge assise tient sur ses genoux l'enfant Jésus ; à droite, saint Joseph ; et au-dessus, trois anges.

(Haut. 370, larg. 250.)

D'après le TITIEN.

10. Hérodiade tenant la tête de saint Jean sur un plat.

D'après le GUIDE.

11. Le martyre de saint André.

École de COYPEL.

12. LA CHARITÉ ROMAINE.

(Haut. 1^m,25, larg. 1^m.)

13. ARIA ET PETUS.

(Haut. 1^m,25, larg. 1^m.)

ÉCOLE FRANÇAISE.

14. Jeune garçon, vu à mi-corps, jouant avec des cartes.

15. Jeune fille, vue de face à mi-corps, les deux coudes appuyés sur une table.

16. Portrait de Franklin.

ÉCOLE FLAMANDE.

17. Le jugement de Salomon.

18. Judith coupant la tête d'Holopherne.

19. Crésus conduit au bûcher.

20. Deux paysans et une femme jouant aux cartes ; au fond, cinq
    autres personnages.

(Panneau de forme ronde.)

21. Vieillard assis faisant panser son pied par un jeune homme
    agenouillé ; à son côté, une femme coiffée d'un chapeau rond ;
    un aide prépare des emplâtres devant une table. Un personnage
    sort de la chambre en tenant un broc.

D'après OMMEGANCK.

22. PAYSAGE. SOLEIL COUCHANT.

Quatre moutons couchés ; le berger se repose sous un grand
arbre. Une chèvre, un âne, un mouton et deux chèvres.

23. PAYSAGE.

Moutons, chèvres, etc.

24. Des moutons et une chèvre entrent dans une étable, con-
    duits par un jeune berger tenant une baguette.

25. Plusieurs tableaux anciens non catalogués.

DAVID.

26. Études de têtes.

Trois croquis à la plume.

HOUEL.

27. Deux croquis avec figures.

Gouaches.

De LOUTHERBOURG (P. J.).

28. Animaux dans la campagne.

Dessin à la sépia.

29. Plusieurs dessins anciens non catalogués, par Quellinus, Par-
    rocel, Stella, etc., etc.

TABLEAUX MODERNES

CANON (Louis).

30. CHARLES Ier, ROI D'ANGLETERRE.

(Haut. 220, larg. 160.)

31. LE GRAND-PÈRE.

(De forme ovale. Haut. 360, larg. 300.)

32. LA JEUNE MÈRE.

(De forme ovale. Haut. 360, larg. 300.)

CATHELINEAU.

33. CHEVAL BLANC A L'ÉCURIE. Étude.

CHARLET.

34. LES VIEUX SOUVENIRS.

Un cuirassier en grande tenue est allé visiter un ancien compagnon d'armes. Tous deux sont ronds comme des futailles : le vieux paysan, assis, enlace de ses bras le cuirassier, qui lui-même se rattrape à la table; et bientôt personnages et meubles, tout va rouler à terre.

Signé *Charlet*, 1832.
(Voir *Charlet, sa vie*, etc., page 76.)

(Haut, 460, larg. 380.)

35. BRIGANDS ESPAGNOLS.

Un des bandits, agenouillé, étale à terre sur un tapis, des objets précieux devant une vieille femme qui joint les mains, et un homme debout, une emplâtre sur l'œil ; à gauche, un autre brigand à figure énergique, la main appuyée sur le canon de sa carabine, regarde avec attention.

Signé *Charlet*.

(Larg. 590, haut. 470.)

36. NAPOLÉON EN CAMPAGNE.

Il se dirige vers la droite, suivi d'une ordonnance, sur un cheval blanc qui se cabre des deux pieds de devant; à l'horizon des montagnes.

Signé *Charlet*.

(Larg. 620, haut. 500.)

37. MARCHE DE CUIRASSIERS.

Une troupe de cuirassiers à cheval passant sur la lisière d'un bois; à droite, la voiture du cantinier attelée de trois chevaux.

Signé *Charlet.*
On trouve dans le livre de M. de La Combe (p. 76) le récit des mésaventures de cette charmante composition, qui fut acquise à la vente posthume du maître.   (Larg. 510, haut. 210.)

38. LES DEUX PRÉCEPTEURS.

Un abbé répand le vin de son verre sur la tête de son élève tombé ivre à ses pieds ; un gros soldat rit à gorge déployée.

Signé *Charlet.*   (Haut. 320, larg. 245.)

39. UN CABARET AU MOYEN AGE.

Des soldats jouent aux cartes; à droite, un soldat menace du geste une sorte de gros officier, coiffé d'un chapeau à plume et tenant un broc.

Signé *Charlet,* 1823.   (Larg. 325, haut. 245.)

40. DONNEUR D'EAU BÉNITE.

Il tient son goupillon, assis dans un grand fauteuil près du bénitier.

Signé *Charlet.*   (Haut. 350, larg. 270.)

41. UN GRENADIER DE LA GARDE.

Debout dans la campagne, la main gauche appuyée sur le haut du canon de son fusil.

Signé *Clit.*   (Haut. 190, larg. 140.)

42. LE DÉPART DU CONSCRIT.

A la sortie du village, il s'est assis sous un arbre et contemple une dernière fois la chaumière paternelle.

Signé *Charlet.*   (Larg. 140, haut. 120.)

43. LE RETOUR DU PRISONNIER.

Arrêté sur un tertre qui domine la campagne, un vieux soldat cherche des yeux son village.

(Haut. 405, larg. 330.)

44. UN CHASSEUR MOYEN AGE.

Il vient de déposer sur un bahut deux oiseaux morts.

Ce petit tableau avait été offert en 1824 à M. de La Combe, par Charlet lui-même.
Signé *Charlet.*   (Haut. 190, larg. 140.)

45. JEUNE SOLDAT D'INFANTERIE.

Appuyé contre une porté, les bras croisés sur sa poitrine, et nu-tête.

Signé *Cht.*
C'est le portrait de Juhel fils, élève de Charlet. (Haut. 270, larg. 200.)

46. Vieillard en blouse, assis sur un banc, la figure presque de profil, tenant son chapeau sur ses genoux.

Signé *Cht.*

47. Etude d'après le même vieillard; il est tourné vers la droite et tient un bâton dans ses mains appuyées sur ses genoux.

48. Autre étude d'après le même vieillard. Il est vêtu d'une redingote, coiffé d'un chapeau rond, assis sur une chaise; ses deux mains croisées sont appuyées sur ses cuisses.

Signé *Charlet.*

49. Cinq diverses études de têtes.

(Voir plus loin pour les aquarelles et les lithographies de Charlet.)

D'après DE DREUX (Alfred).

50. Deux chevaux, l'un noir, l'autre bai-brun, galopant en liberté dans la campagne.

POTERLET.

51. Deux esquisses.

AQUARELLES

ET

DESSINS MODERNES

BONINGTON.

52. Deux croquis à la mine de plomb.

Louis BOULANGER (1832).

53. CHASSE A L'OURS.

Au milieu de montagnes sauvages, un chasseur cherche à frapper de sa dague un ours qui l'attaque et le renverse de son cheval; à droite, un valet perce l'animal de son épieu; au fond, d'autres cavaliers.

Cette aquarelle a été lithographiée en sens inverse par le maître.

(Haut. 300, larg. 355.)

Louis CANON.

AQUARELLES.

54. LA VIERGE DEBOUT TENANT L'ENFANT JÉSUS DANS SES BRAS.

Copie d'après un tableau espagnol du musée de Tours.
Signé L. C. (Haut. 300, larg. 180.)

55. LES BORDS DE LA LOIRE.

Effet de plein soleil; des enfants pêchent à la ligne.

(Haut. 255, larg. 330.)

56. LE REPAS EN COMMUN.

Un jeune garçon, à cheval sur un escabeau, tient une gamelle pleine de soupe que son chien convoite.

(Haut. 325, larg. 245.)

57. MARCHANDE DE LÉGUMES.

Assise sur une chaise, enveloppée dans un ample manteau, près d'une table chargée de marchandises.

Signée L. C. (Haut. 290, larg. 225.)

58. VIEILLE FEMME EN BONNET.

Assise devant une fenêtre ouverte.

Signée *L. Canon p. p. c.* (pour prendre congé).   (Haut. 365, larg. 290.)

59. LE POUILLEUX.

Un Savoyard, assis dans son grenier, cherche ses puces; son singe, grimpé sur sa tête, chasse un autre gibier.

Réminiscence du *Pouilleux* de Murillo. Signée *L. Canon, à Tours,* 1834.   (Haut. 260, larg. 205.)

60. LE CONCERT.

Au milieu d'une mansarde, un jeune garçon râcle, en guise de violon, un soufflet avec des pincettes. Son camarade, debout, se sert d'une seringue comme d'un hautbois.

Signée *L. C.*   (Haut. 310, larg. 240.)

61. LA MENDIANTE.

Une vieille femme, adossée à une borne; un petit enfant dort la tête appuyée sur ses genoux; à droite, une petite fille debout.

Signée *L. Canon, Tours,* 1834.   (Haut. 240, larg. 190.)

62. L'ENFANCE DE GIOTTO.

Assis à demi-nu au milieu de la campagne, il dessine sur un fragment de tuile ses moutons et ses chèvres.

Signée *L. Canon.*   (Haut. 380, larg. 480.)

63. LA DISPUTE.

Deux gamins sont prêts à en venir aux mains; un camarade assis à terre les considère tranquillement.

Signée *L. Canon.*   (Haut. 250, larg. 210.)

64. UN PAUVRE.

Il tient un bâton et a un panier passé au bras.

Signée *L. C.*   (Haut. 480, larg. 315.)

65. LE VIEUX MODÈLE.

Il porte une grande barbe et de longues moustaches; il est coiffé d'un mouchoir.

Signée *L. Canon.*   (Haut, 465, larg. 270.)

66. PORTE-DRAPEAU FLAMAND.

Costume Renaissance.

Signée *L. Canon.*   (Haut. 445, larg. 300.)

67. L'ESCALIER.

Trois gamins jouent au haut d'un escalier; une vieille femme remonte de la cave et vient de souffler son bougeoir.

Signée L. *Canon*, *Tours*, 1836.   -   (Haut. 425, larg. 360.)

68. LA FÊTE DE M. LE CURÉ.

La plus petite d'une bande de petites filles, conduites par une religieuse, lui offre un gros bouquet.

Cette composition, qui renferme plus de vingt figures, a été lithographiée. Elle est signée L. *Canon*.   (Haut. 400, larg. 550.)

69. LE CURÉ DE MEUDON.

Debout sur un perron, Rabelais fait danser ses paroissiens au son du violon.

Grande composition, signée L. *Canon*.   (Haut. 450, larg. 610.)

70. LA PRIÈRE.

Une vieille femme est agenouillée dans une église sur une chaise basse; devant elle, une petite fille, les mains jointes.

On lit à droite la signature L. *Canon*, et sur un *Mandement* appliqué au mur, *Tours*, 1832.   (Haut. 375, larg. 275.)

71. LA FIN DE LA JOURNÉE.

Un vieil ouvrier est assis dans sa mansarde, les deux mains appuyées sur ses cuisses; à gauche, un broc posé sur une table.

Signée L. *Canon*.   (Haut. 370, larg. 280.)

72. LE RETOUR DU ROULIER.

Il a trois enfants sur lui et deux autres à ses côtés; assise aussi, la vieille grand'mère, les lunettes sur le nez, joint les mains avec émotion.

Signée L. *Canon*.   (Haut. 305, larg. 480.)

73. LA PAUVRESSE.

Assise sur le pas d'une porte, elle allaite son enfant; devant elle, une jeune fille, les mains jointes.

Signée L. *Canon*.   (Haut. 450, larg. 340.)

74. LE CHRIST AU PRÉTOIRE.

Une bande de petits Savoyards, réunie dans une mansarde, semble parodier les différents épisodes de la scène du Christ insulté.

Signée L. *Canon*, 1835.   (Haut. 560, larg. 455.),

75. LE GUÉRILLAS.

Il est vu presque de face, la main appuyée sur son espingole.

Pochade énergique que Canon en la signant avait plaisamment baptisée;
Infamie.

(Haut. 450, larg. 300.)

76. JOUEUR DE CORNEMUSE.

Une vieille femme et un homme l'écoutent, vus à mi-corps derrière la porte basse de leur chaumière; deux enfants accourent.

Signée *L. Canon.* (Haut. 510, larg. 370.)

77. LE VIEUX AMATEUR.

Assis, il contemple un tableau qu'il tient sur ses genoux.

(Haut. 300, larg. 230.)

78. Bonne vieille assise, les mains jointes.

(Haut. 300, larg. 230.)

SÉPIAS.

79. Une vieille femme, assise, joue avec un petit garçon qui l'attaque avec un balai; plus loin, une petite fille joint les mains.

Sépia, signée *L. Canon.* (Haut. 120, larg. 115.)

80. Jeune châtelaine examinant un écrin.

Sépia. (Haut. 380, larg. 280.)

81. Femme debout tenant son tricot.

Sépia, signée *L. C.* Haut. 270, larg. 210.

82. Brigand espagnol, appuyé sur son espingole.

Sépia rehaussée. Haut. 280, larg. 210.

83. Une vieille paysanne cause avec une jeune femme assise,
tenant sur ses genoux un de ses petits enfants.

Sépia, signée *L. Canon.* (Haut. 190, larg. 155.)

84. Une petite fille et son frère, appuyés sur une borne, rapportent
des broussailles.

Sépia, signée *L. Canon.* (Haut. 205, larg. 150.)

85. Un jeune balayeur, à la figure riante, porte en croix son balai
et sa pelle; derrière lui, son âne.

Sépia, signée *L. C.* (Haut. 325, larg. 260.)

86. Une jeune Espagnole se tient les bras croisés sur sa porte et
cause en riant avec un moine quêteur à mine égrillarde, qui
porte sur l'épaule un vaste bissac.

Sépia, signée *L. Canon.* (Haut. 220, larg. 170.)

87. Un marinier, vu presque de face, les pieds nus, la main dans
la poche de son pantalon; au second plan, un autre, tourné
vers son bateau, les mains croisées derrière le dos.

Sépia, signée *L. C.*, *San-Averlin*, 1834.   (Haut. 335, larg. 255.)

ÉTUDES ET CROQUIS AU CRAYON ET A LA PLUME.

88. Une jeune femme, assise dans la campagne, tient devant
elle une petite fille par les deux bras; derrière elle, un petit
garçon les deux mains sur la tête.

Mine de plomb, signée *L. C.*   (Haut. 220, larg. 290.)

89. Marchand de bric-à-brac assis sur un escabeau.

Mine de plomb.   (Haut. 265, larg. 210.)

90. Vieillard sur un banc, son chapeau à la main, tenant un bâton.

Sanguine, signée *L. C.*   (Haut. 250, larg. 190.)

91. Un vieillard tenant à deux mains son mouchoir étendu.

Croquis à la plume.

92. Portière dans sa loge, lisant son journal.

Croquis à la plume.

93. Têtes d'enfant au pastel et aux crayons de couleur.

94. Diverses Études au crayon et à la sépia.

CATHELINEAU (Gaëtan).

95. VIEILLE PAYSANNE en jupon rayé et en bonnet blanc, assise à
la porte d'une église.

Aquarelle, signée *G. Cathelineau*, 1837.   (Haut. 450, larg. 340.)

96. JEUNE GARÇON VÊTU DE BLEU, coiffé d'une casquette, les mains
dans ses poches.

Aquarelle.   (Haut. 200, larg. 140.)

97. PETITS ORPHELINS. Ils sont assis devant le porche d'une église.

Mine de plomb, signée *G. Cathelineau*, d'après nature, 1835.
(Haut. 270, larg. 220.)

98. Christ en croix, d'après Rubens.

Sépia.   (Haut. 550, larg. 890.)

CHARLET.

99. LA MORT DU CUIRASSIER.

Au milieu d'une salle d'ambulance, un cuirassier enveloppé dans son manteau, la tête ceinte d'un mouchoir sous son bonnet de police, est assis sur la paille, le dos appuyé au mur; la pâleur et l'altération de ses traits annoncent que la mort approche. Un grenadier tient dans sa main la main de son compagnon d'armes; des larmes roulent silencieuses dans ses yeux. Plus loin, on aperçoit un soldat couché, et au fond s'éloigne un invalide.

Les armes du cuirassier, groupées à droite, complètent cette magnifique composition.

Signée *Charlet*, 1820.　　　　　　　　　(Haut. 260, larg. 360.)

100. DRAGON D'ÉLITE.

Nous lisons dans les notes manuscrites de M. de La Combe : « Les 12 régiments de dragons servaient depuis plusieurs années en Espagne, lorsqu'on en rappela quelques débris à la grande armée, en 1813. Les compagnies d'élite furent particulièrement remarquées : leur figure martiale, leur tournure, ces bonnets à poils roussis par le temps et les bivouacs, ces habits de méchant drap espagnol brun un peu rouge, couverts de pièces et de morceaux, leur donnaient un caractère tout particulier.

« Pour ceux qui, comme nous, ont assisté à ces batailles de géants pendant la campagne de France, ce type reste l'idéal des plus vaillants soldats, plus beaux même que la vieille garde dans ses meilleurs jours.

« Eh bien! Charlet a su rendre ce type idéal d'une manière tout idéale aussi dans cette magnifique aquarelle.

« A pied, vu de trois quarts, ce DRAGON D'ÉLITE en grande tenue est tourné à droite; il tient la poignée de son sabre dans la main gauche et a le poignet droit appuyé sur la hanche. Dans le fond, à gauche, l'empereur Napoléon lorgne; à droite, près d'un block-kaus, un dragon (compagnie du centre) est en faction. »

Signée *Charlet*, 1822.　　　　　　　　　(Haut. 405, larg. 260.)

101. LA VOITURE DU CANTINIER.

Au pied de grands arbres dont plusieurs sont dépouillés de leurs branches ou de leurs feuilles, passe une voiture de cantinier attelée de six chevaux, suivie de soldats de toutes armes; à droite, quatre hussards à cheval; au fond à gauche, de hautes montagnes.

> Grande aquarelle signée *Charlet*, et dont M. de La Combe a raconté l'histoire, *Charlet, sa vie*, etc., p. 177.　　　　(Haut. 380, larg. 460.)

102. LES DEUX CONVALESCENTS.

Un jeune soldat, le bras gauche en écharpe, marche à pas lents, donnant son autre bras valide à un camarade plus âgé, blessé lui-même à la tête.

> Aquarelle, signée *Charlet*.　　　　(Haut. 190, larg. 135.)

103. LA MAÎTRESSE D'ÉCOLE.

Debout, le martinet sous le bras, une vieille paysanne regarde avec indulgence ses écolières qui jouent bruyamment.

> Sépia légèrement rehaussée d'aquarelle, signée *Charlet*.
> 　　　　(Haut. 180, larg. 200.)

104. LE CINQ MAI !

Un vétéran, manchot du bras droit, coiffé d'un bonnet de police, est assis dans un grand fauteuil, les jambes enveloppées dans une couverture. De grosses larmes roulent sur ses joues; on distingue sur le journal dont une jeune fille lui fait la lecture *cinq mai*.

> Signée *Charlet*, 1823.　　　　(Haut. 190, larg. 150.)

105. CUIRASSIER A PIED EN GRANDE TENUE.

Dans le fond, à gauche, des cuirasiers à cheval devant une chaumière; à droite, des dragons en marche.

> Signée *Charlet*, 1822.　　　　(Haut. 270, larg. 195.)

106. NAPOLÉON.

Debout sur un tertre, la main gauche dans la poche de son habit.

> Signée *Charlet*, 1820.　　　　(Haut. 210, larg. 170.)

107. LA BELLE FRANÇOISE.

Un voltigeur était attablé avec un vieux grenadier; il se lève à demi et embrasse par-dessus son épaule une belle endimanchée qui baisse les yeux et ébauche un geste pudique; au fond l'orchestre et des danseurs.

> Signée *Charlet*.　　　　(Haut. 265, larg. 205.)

108. DONNEUR D'EAU BÉNITE.

Enveloppé de son manteau, assis sur une chaise à tabouret, il tient son goupillon. La tête, coiffée d'un bonnet noir, est vue de profil ; à droite, l'église.

Signée *Charlet*. (Haut. 260, larg. 185.)

109. Officier hollandais et soldats jouant aux cartes dans une casemate.

Signée *Charlet*. (Haut. 200, larg. 170.)

110. OFFICIER SUPÉRIEUR DE CAVALERIE (armée d'Italie, 1795).

Un bras lui manque, mais un bouquet de roses à la boutonnière, il fume gravement dans une longue pipe de terre.

Essai sur papier teinté. Il a été exécuté quelques jours avant la mort du maître, et porte au bas ces mots au crayon : *Au colonel de La Combe, Charlet.* (Haut. 220, larg. 145.)

111. LA NEIGE.

Un petit Savoyard, grelottant de froid, les bras serrés contre sa poitrine, chemine dans un bois.

Signée *Charlet*. (Haut. 130, larg. 100.)

112. MONSIEUR DURAND ET SA FAMILLE A LA CAMPAGNE.

M. Durand tient son riflard, son chapeau et le ridicule de sa femme ; sur son bras gauche, il porte un melon et dans un mouchoir pend encore la pelisse et le châle de son épouse que l'on aperçoit conduisant un de ses enfants.

Signée *Charlet*, 1821. (Haut. 230, larg. 165.)

113. LA DROGUE.

Un fantassin en bonnet de police tient la drogue sur le nez d'une vieille paysanne.

Esquisse peu avancée ; six personnages autres que ceux que nous décrivons sont seulement indiqués au crayon ; signée *Cht*. (H. 430, l. 355.)

114. LA DROGUE.

Ici, c'est un hussard qui tient la drogue sur le nez de la vieille, assise près d'une table ; entre eux deux, une petite fille.

Cette composition est plus avancée que la précédente ; signée *Charlet*. (Haut. 375, larg. 275.)

115. JEUNE FAUBOURIEN.

En blouse, une main posée sur le cœur, de l'autre tenant son chapeau de paille.

Signée *Cht*. (Haut. 240, larg. 180.)

116. COMBAT DE CAVALERIE autrichienne et polonaise.

Aquarelle inachevée et datant de l'extrême jeunesse de *Charlet*.
(Haut. 265, larg. 240.)

117. GRENADIER DEBOUT EN FACTION.
(Haut. 260, larg. 170.)

118. UN GRENADIER DEBOUT, le sac au dos, appuyé sur son fusil.
(Haut. 250, larg. 170.)

Ces deux naïves aquarelles datent de 1813, époque à laquelle Charlet n'avait point encore pris de leçons.

119. UN GRENADIER DE LA RÉPUBLIQUE courant le fusil à la main et prêt à fouler aux pieds un Autrichien renversé.

Aquarelle exécutée vers 1815, avant l'entrée de Charlet à l'atelier de Gros. (Haut. 280, larg. 195.)

120. LE DÉPART DU SAVOYARD.

Assis sur un banc, la pannetière au flanc, il se lamente en se grattant la tête.

Aquarelle des premiers temps de Charlet. (Haut. 260, larg. 180.)

121. JEUNE FANTASSIN EN FACTION.

En bonnet de police, le sac au dos dans la campagne.

Aquarelle des premiers temps du maître; signée *Charlet*.
(Haut. 220, larg. 160.)

122. JEUNE FILLE ASSISE avec une corbeille de fruits; elle est entourée de trois enfants, dont l'un est à genoux.

Aquarelle inachevée, signée *Charlet*. (Haut. 130, larg. 950.)

123. UN ADJUDANT DE LA GARDE ROYALE.

Portrait en pied d'un ami de Charlet.

Il est en grande tenue; derrière lui, un peloton de grenadiers dans un paysage.

Aquarelle inachevée, signée *Charlet*. (Haut. 435, larg. 285.)

124. CONSCRIT À L'EXERCICE.

L'instructeur, vieux grenadier de la garde, le fusil dans la main gauche, replace le shako du jeune camarade.

Signée *Charlet*. (Haut. 300, larg. 215.)

125. LA CANTINIÈRE DE WATERLOO.

Elle tient dans les plis du manteau qui l'enveloppe un petit enfant qui pleure; au fond, à droite, des chevaux morts et des débris d'affûts.

Cette composition, qui doit dater de la jeunesse du maître, rappelle celles d'Ary Scheffer; elle est signée *Charlet*. (Haut. 210, larg. 150.)

126. UN CHEVAL DE BRASSEUR, debout dans une cour.

Aquarelle signée à l'encre *Charlet*, exécutée en 1820, pendant le voyage de Charlet avec Géricault en Angleterre. (Haut. 230, larg. 290.)

127. ÉTUDES DE CHINOIS, FAITES A LONDRES.

Sur la première feuille, le Chinois est vu par derrière. — Sur la seconde, il est vu par devant et riant; d'autres têtes sont croquées autour de cette étude.

(Haut. 290, larg. 220.)

128. UN POLICEMAN.

Il s'avance de face, enveloppé dans un large carrick. (Haut. 230, larg. 170.)

129. UN MILORD.

Il s'avance de face, enveloppé dans une vaste redingote blanche à deux collets, le menton noyé dans un cache-nez.

(Haut. 290, larg. 210.)

Ces quatre aquarelles datent du même voyage en Angleterre.

130. UN PAYSAGE. (Haut. 170, larg. 250.)

131. TÊTE D'OFFICIER BADOIS.

Étude. (Haut. 340, larg. 240.)

132. TÊTE DE JEUNE TAMBOUR.

Valentin Geiger, tambour de la 2ᵉ compagnie de fusiliers du 3ᵉ régiment, 2ᵉ bataillon. Bade.

Ces mots sont écrits sur cette étude de la main de Charlet.
(Haut. 320, larg. 240.)

133. UNE PORTIÈRE.

Appuyée sur son balai, elle jacasse avec sa pie.

Aquarelle sur papier bleu, signée *Charlet*, 1845, et exécutée peu de temps avant sa mort. (Haut. 350, larg. 250.)

SÉPIAS.

134. UNE CLASSE EN INSURRECTION.

Sépia inachevée sur papier jaune. « Soyez tranquille, avait dit Charlet en offrant à M. de La Combe cette esquisse, aussitôt que j'aurai rencontré le maître d'école qu'il me faut, je tombe chez vous et votre dessin est fait. » (*Charlet, sa vie*, etc., p. 28.)

(Haut. 410, lar. 540.)

135. LE JOUEUR.

Il descend l'escalier du 113, le poing crispé, tête nue, la poitrine déchirée ; dans l'ombre du palier, une femme et un enfant demandent l'aumône.

Signé *Charlet.* (Haut. 270, larg. 180.)

136. LE MUSICIEN.

Assis sur un banc, un vieux paysan gratte un gril en guise de violon avec une pincette.

Signée *Charlet.* (Haut. 340, larg. 275.)

137. FRONTIÈRE D'ESPAGNE.

Deux bandits au pied d'un bouquet d'arbres, guettent un jeune paysan qui chemine dans le fond.

Signée *Charlet*, 1823. (Haut. 195, larg. 245.)

138. LE PHILOSOPHE.

Un homme lisant devant une table sur laquelle est posé un crâne.

Signée *Charlet.* (Haut. 170, larg. 125.)

139. PAYSAGE.

Une masse épaisse d'arbres occupe le premier plan ; à gauche, une éclaircie laisse plonger le regard jusqu'à l'horizon ; à droite, quelques hommes à pied, et des cavaliers jettent en passant un coup d'œil sur deux potences chargées chacune d'un pendu.

Voir dans *Charlet, sa vie,* p. 87, une anecdote sur cette composition.
Signé *Charlet.* (Haut. 120, larg. 260.)

140. LE PONT DE PIERRE.

Au point culminant de ce pont, une statue de madone ; à l'entrée, un homme assis, son chapeau sur ses genoux.

Charlet a lithographié à la plume cette composition dans ses croquis pour l'Ecole polytechnique. Elle figurait à la vente posthume de son atelier sous le n° 97.
Signée *Charlet.* (Haut. 225, larg. 375.)

141. LES AMIS EN GOGÜETTE.

Un invalide et son compagnon de bataille battent les murailles en chantant.

Signée *Charlet.* (Haut. 120, larg. 100.)

142. LA GOUVERNANTE DU CURÉ.

Elle fait une scène à son vieux maître, dont la jambe est enveloppée dans une couverture.

Signée *Charlet*.   (Haut. 70, larg. 65.)

143. ÉTUDE DE PAYSAGE.

Au milieu du bois, un garde-chasse; au fond, à gauche, un voyageur le bâton à la main.

Signée *Charlet*.   (Haut. 180, larg. 210.)

144. NAPOLÉON.

Il est vu par le dos, debout sur un tertre ; à droite, des paysans agitent leurs chapeaux.

Signé *Charlet*..   (Haut. 70, larg. 50.)

145. CHARLET DANS SON ATELIER.

Charlet en bonnet de police, vu de profil, les bras croisés et méditant dans son atelier ; un bonnet de grenadier est posé sur une tête d'Homère ; sur le poêle, quelques plâtres, parmi lesquels une statuette de la Liberté.

Cette curieuse composition est signée *Charlet*, 1820.
(Haut. 220, larg. 155.)

ÉTUDES ET CROQUIS A LA PLUME ET AU CRAYON.

146. LE MENDIANT.

Il chante un cantique en râclant du violon devant une petite chapelle ; deux enfants sont agenouillés.

Dessin à la plume, signé *Charlet*.   (Haut. 110, larg. 90.)

147. Tête de vieux général républicain.

Au crayon noir, sur papier bleu rehaussé de blanc.

148. Un vieux soldat agenouillé, la tête inclinée, les bras croisés sur la poitrine.

Croquis à la plume pour la lithographie n° 265 du cat. de La Combe.
(Haut. 290, larg. 200.)

149. Tête d'un vieux et gros paysan, son chapeau sur la tête.

Croquis à la la plume, signé *Charlet*.   (Haut. 180, larg. 150.)

150. Un sans-culotte armé d'une pique, coiffé d'un bonnet phrygien.

Dessin à la plume, signé *Charlet*, 1828.   (Haut. 130, larg. 100.)

151. Guerillas espagnol, tenant d'une main sa carabine, le bras passé autour d'un tronc d'arbre.

Dessin à la plume, signé *Charlet*. (Haut. 220, larg. 180.)

152. Vieux pâtre assis sur un banc au pied d'un arbre, avec un enfant.

Dessin à la plume, signé *Charlet*. (Haut. 170, larg. 130.)
Ces trois dessins ont été reproduits en *fac-simile* par Muret dans une suite de treize pièces éditées par Moyon en 1829.

153. Colonel d'infanterie de la garde royale en grande tenue, à pied, les mains derrière le dos, tenant son cheval par la bride.

Mine de plomb signée *Charlet*, 1845. (Haut. 130, larg. 180.)

154. Officier supérieur de l'armée d'Italie (République); il est vu de dos, la figure de profil.

Mine de plomb signée *Charlet*. (Haut. 180, larg. 120.)
Ces deux dessins ont été faits par Charlet à son lit de mort. Le premier porte écrit de sa main au verso : *Au colonel de La Combe*.

155. Divers lots d'études et croquis.

COUTAN.

156. Des mendiants italiens viennent chanter sur une terrasse qui domine le golfe de Naples.

Aquarelle. (Haut. 220, larg. 280.)

DELACROIX (Eugène).

157. FAUST ET WAGNER DEVISANT ASSIS DANS LA CAMPAGNE.
Dans le fond, ronde de promeneurs et paysans.

Sépia. (Haut. 210, larg. 240.)

158. LE DUEL DE FAUST ET DE VALENTIN.

« *Valentin* : Oh! — *Méphisto* : Voilà mon rustaud apprivoisé ! »
Sépia. (Haut. 220, larg. 240.)

159. MARGUERITE A L'ÉGLISE.

« *Marguerite* : Malheureuse ! Si je pouvais me soustraire aux pensées qui se succèdent en tumulte dans mon âme ! — *Le Mauvais Esprit* : La colère de Dieu fond sur toi ! La trompette sonne! malheur à toi !! »

Sépia. (Haut. 210, larg. 220.)
Ces trois sépias sont les premières pensées des lithographies pour l'édition du drame de Gœthe, que publia Sautelet en 1828. Elles sont donc en sens inverse des épreuves, qui du reste renferment quelques variantes. M. de La Combe les acquit à la vente de Poterlet qui les tenait de M. Eugène Delacroix.

160. CHEVAL ATTAQUÉ PAR UN TIGRE.

La bête féroce se cramponne sur le dos du cheval, qui se sent blessé à mort.

Aquarelle. (Haut. 180, larg. 250.)

161. LIONNE BLESSÉE AU COU, RENTRANT DANS SON ANTRE.

Sépia. (Haut. 160, larg. 210.)

162. GRECS BLESSÉS.

L'un est couché; l'autre est assis à terre au milieu des ruines d'une maison.

Aquarelle. (Haut. 200, larg. 240.)

FRANCIA (père).

163. PORT DE CALAIS.

Aquarelle signée *Francia*, 1830. (Haut. 140, larg. 210.)

164. JETÉE ET PORT DE CALAIS.

Aquarelle signée *Francia*, 1823. (Haut. 300, larg. 430.)

165. UN PORT A MARÉE BASSE.

Aquarelle signée *Francia*, 1828. (Haut. 240, larg. 320.)

166. AUTRE VUE DU PORT DE CALAIS.

Aquarelle signée *Francia*, 1828. (Haut. 240, larg. 320.)

GÉRICAULT.

167. LA FOI, L'ESPÉRANCE ET LA CHARITÉ.

Croquis à la mine de plomb. (Haut. 130, larg. 160.)

168. LE DÉLUGE.

Sur le verso de ce croquis, un autre croquis à la plume; UN HOMME A CHEVAL TENANT UNE LANCE EST ATTAQUÉ PAR UN HOMME A PIED ARMÉ D'UNE ÉPÉE.

(Haut. 140, larg. 210.)

169. Au verso d'une sépia, divers croquis à la mine de plomb de MEMBRES DE CHEVAUX et un autre à la sépia : MILITAIRE QUE L'ON FUSILLE.

(Haut. 310, larg. 250.)

GRANET.

170. UN SAINT REVENANT AU COUVENT EN RAPPORTANT DES AUMÔNES.

Esquisse à l'encre de Chine, signée *Granet*.   (Haut. 170, larg. 250.)

HENNEQUIN (Auguste).

171. ORESTE POURSUIVI PAR LES FURIES.

Dessin en partie au trait, en partie au lavis. Signé et daté de l'an VIII.
(Larg. 810, haut. 530.)

De JASSAND (Auguste).

172. L'ENFANCE DE DUGUESCLIN.

Duguesclin, enfant à mine boudeuse, tourne le dos à sa mère et à une vieille bohémienne qui prédit qu'il sera un jour un héros.

Aquarelle signée A. J.   (Haut. 215, larg. 240.)

173. UN SÉRAIL.

Trois odalisques à demi nues sont couchées sur un divan; d'autres sont habillées et assises.

Aquarelle.   (Haut. 185, larg. 235.)

174. PHILOSOPHE EN MÉDITATION.

Aquarelle signée au crayon *Aug.*   (Haut. 115, larg. 85.)

JUHEL.

175. LA TENTATION DE SAINT ANTOINE.

Le saint est agenouillé, les mains jointes, au milieu de tout un monde fantastique.

Charlet estimait beaucoup cette composition bizarre. « Si jamais vous voulez vous en défaire, disait-il à M. de La Combe, je vous en donnerai un *treizième* de plus qu'il ne vous coûte. » (*Charlet, sa vie*, p. 31.)
(Haut. 455, larg. 590.)

176. LE RETOUR DU PÈLERIN.

Intérieur d'une caverne de brigands.

Aquarelle signée *Juhel*.   (Haut. 135, larg. 170.)

177. LA PUISSANCE TEMPORELLE S'ÉCROULANT.

Aquarelle signée *Juhel*.   (Haut. 150, larg. 105.)

178. LA RÉVOLUTION CHATIANT LES JÉSUITES.

Un être fantastique, coiffé d'un bonnet rouge, frappe un jésuite attaché à un poteau.

Aquarelle signée *Juhel*.   (Haut. 125, larg. 130.)

179. UN MENDIANT manchot et béquillard, debout et tendant la main à la porte d'une église.

Aquarelle signée *Juhel*.   (Haut. 340, larg. 240.)

180. UN SAPEUR appuyé sur sa hache.

Dessin à la plume, donné à M. de La Combe par Charlet.

181. CROQUIS DIVERS, au verso et au recto d'une feuille de papier, et portant l'empreinte comme toutes les compositions décrites plus haut de l'imagination ardente et tourmentée de Juhel qui mourut à l'âge de vingt-deux ans.

LALAISSE (Hippolyte).

182. LA VOITURE DU CARRIER.

Cinq chevaux attelés à une voiture chargée de deux énormes pierres.

Aquarelle signée *Hy. Lalaisse*.   (Haut. 290, larg. 490.)

183. LE COMBAT.

Deux chevaux, l'un blanc, l'autre brun, se battent dans la campagne.

Aquarelle signée *Hy. Lalaisse*.   (Haut. 500, larg. 425.)

184. COMBAT EN ALGÉRIE.

Une pièce de canon, avec les artilleurs assis sur l'avant-train, enlevée au galop par six chevaux passant sur des cadavres d'Arabes.

Aquarelle signée *Hy. Lalaisse*.   (Haut. 330, larg. 500.)

185. LA PIÈCE DE CAMPAGNE.

Elle est traînée par six chevaux montés. Dans le lointain, d'autres artilleurs arrivent au galop.

Aquarelle signée *H. Lalaisse*.   (Haut. 375, larg. 470.)

186. CHEF ARABE.

En burnous, sur un cheval richement caparaçonné. Il est accompagné d'autres Arabes.

    Aquarelle signée *H. Lalaisse*.   (Haut. 320, larg. 480.)

187. ARTILLEUR assis sur un gabion.

    Aquarelle signée *H. Lalaisse*.   (Haut. 350, larg. 260.)

188. CHEVAUX DE HALAGE.

Ils gravissent une berge ; l'un des deux premiers tombe sur les genoux.

    Sépia signé *H. Lalaisse*.   (Haut. 190, larg. 290.)

189. LE POSTILLON.

Son fouet à la main, il conduit à la bride trois chevaux qui sortent de l'écurie.

    Aquarelle signée *Hy. Lalaisse*,   (Haut. 305, larg. 450.)

190. LE GALOP.

Deux chevaux galopant; l'un monté par un paysan.

    Aquarelle signée *Hy. Lalaisse*.   (Haut. 370, larg. 500.)

191. UN MAMELUCK.

A cheval, il tient d'une main les rênes et de l'autre porte un étendard; dans le fond, d'autres cavaliers.

    Sépia signée *Hy. Lalaisse*.   (Haut. 560, larg. 430.)

192. LE TRAVAIL.

Un cavalier, en bonnet de police, fait piaffer de la jambe gauche de devant un cheval en bridon.

    Sépia signée *Hy. Lalaisse*.   (Haut. 350, larg. 300.)

193. UN TURC.

Debout, le poing gauche sur la hanche, il prend de l'autre main un pistolet dans sa ceinture.

    Sépia signée *Hy. Lalaisse*.   (Haut. 480, larg. 310.)

194. ESPAGNOL MONTANT UN CHEVAL NAVARRAIS.

195. NÈGRE MONTANT A POIL UN CHEVAL BLANC.

196. CHEF ARABE SUR UN CHEVAL RICHEMENT HARNACHÉ.

    Ces trois aquarelles sont lavées sur les lithographies au trait, exécutées par Charlet pour l'École polytechnique. Elles sont beaucoup plus terminées que les modèles livrés aux élèves, et sont signées *Hyp. Lalaisse*.

        (Haut. 415, larg. 325.)

197. LE RELAI.

Deux chevaux garnis attendent une chaise de poste; le postillon allume sa pipe.

Aquarelle signée *Hyp. Lalaisse.*   (Haut. 280, larg. 430.)

198. TEMPS DE NEIGE.

Six chevaux attelés à un chariot chargé.

Sépia sur papier de couleur.   (Haut. 240, larg. 315.)

199. SOUVENIR DE BRETAGNE.

Deux joueurs de biniou et de hautbois, à cheval, se rendant à un pardon, suivis d'autres cavaliers.

Aquarelle signée *Hy. Lalaisse.*   (Haut. 365, larg. 475.)

200. LE COMBAT DANS L'ÉCURIE.

Quatre chevaux cherchent à se mordre. Le groom arrive le poing levé.

Aquarelle.   (Haut. 230, larg. 480.)

201. LE VIEUX FERMIER.

Croquis à la plume.   (Haut. 310, larg. 230.)

202. Cheval sellé.

Croquis au crayon signé *Lalaisse.*   (Haut. 420, larg. 380.)

LE COURTOIS (Charles).

Neveu du lieutenant général Roussel d'Hurbal, ancien officier supérieur dans l'artillerie. Cet amateur, dont Charlet estimait particulièrement la verve, a plus d'une fois prêté son concours intelligent à M. Horace Vernet pour les sujets militaires de l'armée d'Afrique que celui-ci a peints au musée de Versailles.

203. Divers croquis au crayon et à l'aquarelle.

LE MUD.

204. LA RÊVERIE.

Croquis au fusain.   (Haut. 150, Larg. 120.)

205. LA PROMENADE.

Croquis à la sépia.   (Haut. 160, larg. 120.)

MICHALOWSKY (le comte P.).

Proscrit à la suite des révolutions de la Pologne, il entra dans l'atelier de Charlet, et l'exécuta des études de chevaux qui sont extrêmement remarquables.

206. UN CHEVAL BLANC.
Sépia signée *P. Michalowski*.   (Haut. 320, larg. 410.)

207. LE RELAI.
Un postillon tient en main trois chevaux.
Aquarelle signée *Michalowski*.   (Haut. 250, larg. 330.)

208. DEUX CHEVAUX devant une mangeoire; à gauche, la croupe d'un troisième cheval.
Aquarelle signée *Michalowski*.   (Haut. 290, larg. 425.)

209. POSTILLON à cheval, et autre croquis au crayon.

210. CROQUIS à l'aquarelle d'après Wouverman, et d'autres maîtres.
Cinq feuilles achetées à la vente de Charlet qui les tenait de son élève.

PIGAL.

211. LA DISCUSSION.
Deux vieillards, l'un coiffé d'un tricorne et appuyé contre une borne, pérorent avec feu.
Aquarelle signée *Pigal*.   (Haut. 190, larg. 130.)

212. LE PROPOS GRIVOIS.
Deux femmes passent dans une rue; derrière, deux vieux égrillards qui, selon l'expression de Sganarelle, « viennent d'expulser le superflu de la boisson » rajustent leur vêtement en riant.
Aquarelle signée *Pigal*.   (Haut. 210, larg. 160.)

PROUT (Samuel).

213. LA MARÉE MONTANTE.
Une chaloupe affalée sur la plage.
Aquarelle.   (Haut. 255, larg. 350.)

ULRICH.

214. UN PAYSAGE.
Aquarelle.   (Haut. 210, larg. 290.)

WYLD.

215. MARINE.
Aquarelle.   (Haut. 180, larg. 250.)

LITHOGRAPHIES

ADAM (Jean-Victor),

Élève de Meynier et de Regnault, né à Paris le 28 janv. 1801.

216. *Panidochème, ou toutes sortes de voitures.* 1828, 1829, 1830. Chez Motte. Trois cahiers contenant 36 pièces. *Alphabet et chiffres récréatifs.* Paris, chez Aumont.—10 pièces.

Le Baron ATTHALIN (Louis-Marie-Jean-Baptiste),

Élève d'Horace Vernet et du peintre anglais Daniel,
né à Colmar le 22 juin 1784, mort en sept. 1856.

217. *Maison des Templiers* et autres lithographies, dont plusieurs culs-de-lampe, pour les *Voyages pittoresques et romantiques en France* du baron Taylor.—Ens., 25 pièces, la plupart sur chine.

BARYE (Antoine-Louis),

Élève du sculpteur Bosio et de Gros, né à Paris le 24 sept. 1795.

218. *Jeune Axis.* (Imp. par Benard. Paris, chez Wild jeune.) Sur chine.

BELLANGÉ (Hippolyte-Joseph-Louis),

Élève de Gros, né à Paris le 16 février 1800.

[Toutes les épreuves qui composent cet œuvre sont des épreuves de choix données pour la plupart directement par l'artiste au colonel de La Combe.]

219. Notice et portrait du maître, extrait de la *Galerie de la Presse*, et 4 pièces dont une extraite de *la Silhouette.*

220. Albums divers non complets.—44 pièces.

221. Charge de cuirassiers et pièces extraites d'albums divers.—
7 pièces sur chine.— Croquis lithographiques.—14 feuilles.

222. Sujets inspirés par la guerre de Crimée.— 12 grandes pièces
dont une non terminée.

BENJAMIN (Roubaud dit),

Élève de Hersent, né à Roquevaire en juin 1811.

223. 1843. *Grand chemin de la postérité.—Les Hommes de lettres et les
Acteurs.* 3 grandes pièces en largeur, composant deux bandes
chacune.

> Cette série de charges qui, la plupart du temps, ont précisé la
> physionomie des célébrités du moment avec plus de franchise qu'un
> portrait, est devenue un document historique assez rare.

Duchesse de BERRY (Caroline-Ferdinande-Louise),

Élève de Desenne et de Storelli, née à Naples le 5 novembre 1798.

224. Vue du château de Rosny, prise de l'entrée principale;
Marie-Caroline *fecit*, 1823.—Vue du château de Rosny, prise
du côté du parc; Marie-Caroline *fecit*, 1823. (Imprimé par
Villain, lith. de S. A. R.)

J. J. de BOISSIEU,

Graveur à l'eau-forte, né à Lyon en 1736, mort en 1810.

225. *Saint Jérôme.—Les Pères du désert.—*Animaux et paysages.
—5 pièces gravées à l'eau-forte.

BLÉRY (Eugène-Stanislas-Alexandre),

Dessinateur et graveur à l'eau-forte, né à Fontainebleau le 3 mars 1805.

226. Les vieux chênes. — Eau-forte, épreuve sur chine avec la
signature au crayon du maître.

BONINGTON (Richard-Parker),

Élève de Gros, né à Nottingham (Angleterre) le 20 octobre 1802,
mort à Londres le 23 sept. 1827.

227. *Bologna.* R. P. B. (London published oct. 15, 1828, by
MMrs. Colnaghi). Tr. c. haut, 170; larg., 115 millim. Vue prise
dans l'intérieur de la ville; au second plan, en pleine lumière,

une place qui semble servir de marché; au fond, une tour carrée, haute et mince.

Nous ne connaissons que cette seule eau-forte de R. P. Bonington et les épreuves en sont fort rares. Celle-ci est sur chine.

228. Deux enfants, l'un assis et l'autre debout à gauche, sur les marches d'une porte d'architecture gothique, dont le vantail repose à droite, descellé contre la baie. Épreuve avant toute lettre; première pensée de la pièce suivante.

Nous ne connaissons, outre cette épreuve, que celle de la vente Parguez (43 fr.).

229. *Caen.* Deux enfants jouent avec un chien sur les degrés d'une porte gothique murée dont le vantail descellé est appuyé à gauche. On lit sur le remplissage de la baie : *Architecture du moyen âge. R. P. Bonington.* (Lith. de Feillet.)—3 épreuves, sur chine, sur papier teinté et sur papier blanc.

230. *Caen.* Église Saint-Sauveur. R. P. Bonington. (Lith. de Feillet.)—2 épreuves, sur chine et sur papier teinté.

231. *Caen.* Maison grande rue Saint-Pierre. R. P. Bonington. (Lith. de Feillet.)

232. *Beauvais.* Maison située rue Sainte-Véronique. (Feillet.)

233. *Beauvais.* Intérieur d'une cour. Épreuve d'essai de cette pièce avant toute lettre sur chine.

234. *Abbeville.* Vue prise de la route de Calais. R. P. Bonington. (Lith. de Feillet, rue du Faubourg-Montmartre, no 4.)—2 épreuves, sur chine et sur blanc.

235. *Rouen.* Fontaine de la Crosse. R.P. Bonington. (Lith. Feillet.)

236. Rue du Gros-Horloge. Rouen. Bonington, 1824. (Lith. de G. Engelmann.) P. 173 du *Voyage en Normandie.*—Épreuve sur chine.

237. *Rouen.* Cathédrale Notre-Dame telle qu'elle était avant l'incendie de 1822. (Feillet).

238. *Rouen.* Entrée de la salle des Pas-Perdus, palais de Justice. (Feillet.)

239. *Bergues.* La tour du Marché. (Feillet.)—Epr. sur chine, ainsi que les suivantes, jusqu'au no 254.

240. *Lillebonne.* Château d'Harcourt. (Lith. de Feillet.) — 2 épr.

241. Vue générale de l'église de Saint-Gervais et Saint-Protais, à Gisors. Bonington, 1824. (Lith. de Engelmann.) P. 203 des *Voyages.*

242. Tour aux archives, à Vernon. Bonington, 1824. (Lith. de G. Engelmann.)—P. 214 des *Voyages romantiques et pittoresques en France.*

243. Tour du Gros-Horloge. Evreux. Bonington, 1824. (G. Engelmann.) Pl. 226 des *Voyages.*

244. Cul-de-lampe pour le *Voyage en Franche-Comté* : Deux prêtres causent dans un jardin. R. P. Bonington.

245. *Pesmes,* Franche-Comté. *Ciceri del.*, *Bonington,* sculp., 1825. (Lith. Engelmann.) Pl. 9 du Voyage en Franche-Comté du baron Taylor.

246. Vue de l'église de l'Abbaye de Tournus. *Bonington,* 1825. Pl. 13 du même voyage.

247. Façade de l'église de Brou. *Bonington,* 1825. Pl. 25 du même ouvrage.

248. Tombeau de Marguerite de Bourbon, Église de Brou. *Bonington,* 1825, *sculp.*, *Vauzelle del.* Pl. 29 du même ouvrage.

249. Pierre de Vaivre. Franche-Comté. *Bonington sculp.*, 1827. *Taylor del.* (Lith. de Engelmann.) Pl. 75 du même ouvrage.

250. Croix de Moulin-les-Planches. R. P. *Bonington lith.* (Impr. par C. Hulmandel.) Pl. 77 du même ouvrage.

251. Ruines du château d'Arlay. *Bonington,* 1827. (G. Engelmann). Pl. 85 du même ouvrage. 2 épreuves.

252. Vue d'une rue des faubourgs de Besançon. *Bonington,* 1827. (Engelmann.) Pl. 102 du même ouvrage. Cette épreuve, ainsi que les précédentes à partir du n° 239, est sur chine excepté le 244.

253. Façade de Saint-Jean. Chapuy *del.* Bonington *inv.* (Lith. G. Engelmann.) Épreuve sur chine.

254. Épreuve d'essai de la pièce précédente sur papier blanc.

255. *Ancienne porte de Stirling; Brackline; Édimbourg vu du Calton-Hill et vu de la chapelle Saint-Antoine; château de Doune; lac de Killin; Glenfillas.* (2 épreuves de cette dernière pièce, avec différence dans le titre); *Château d'Argile; Ancienne tour près de Lanack;* suite sur chine, lith. par Bonington d'après les dessins de F. A. Pernot. (Imp. lith. de A. Villain.)

256. *Loch Tay; Bracklin Bridge; Bothwell Castle; Loch Lomond; Edinburgh from the Calton Hill; Old Tower near Lanark.* R. P. Bonington lith. Printed by Villain. London, published dec. 1ˢᵗ 1828, by Colnaghi son and Co. Les compositions sont circonscrites d'un triple tr. c.—6 pl. sur chine.

257. *The escape from Argyle Castle* et *A duel between Franck and Rashleigh;* sketched by R. P. Bonington; printed by Villain. London, published december 1ˢᵗ 1828, by Colnaghi son and Co. —Sur chine.

> La première de ces pièces est avec l'adresse en français, — *lithogr. de Villain,*—ce qui constitue, malgré qu'on en ait dit, le premier tirage. Ces deux pièces ont paru d'abord en culs-de-lampe dans les *Vues pittoresques de l'Ecosse,* par Pernot. 1 vol. in-4. Paris, Ch. Gosselin, 1826 et ensuite pour le compte de MM. Calnaghi.

258. *Campos sur les bords du Rio das Velhas.* 1ʳᵉ div., pl. 5. Bonington *del;* fig. par Victor Adam; dessiné d'après nature par Rugendas (G. Engelmann). Sur chine. *B.*

259. *Entrée de la rade Rio de Janeiro;* dess. d'ap. nat. par Rugendas. (Lith. Engelmann.) Bonington *del.* 1ʳᵉ div., pl. 6.—2 épreuves sur chine et sur papier blanc. *B.*

260. Épreuve d'essai avant toute lettre de la pièce précédente. *B.*

261. *Canot indien.* Bonington *del.;* dessiné d'après nature par Rugendas. (G. Engelmann.) 3ᵉ div., pl. 5. *B.*

262. Épreuve d'essai avant toute lettre de la pièce précédente. *B.*

263. *Le Matin.* Bonington *del.* (Lith. de Noel.)

264. Une jeune femme causant avec un homme d'armes à cheval, imitation d'un bas-relief en pierre. R. P. Bonington. (Lith. de Berdalle.)—Épreuve d'essai, sur blanc, de la vignette d'un morceau de musique dont le titre est : *la Villageoise, ballade,* paroles de M. A. de Beauplan. Paris, chez Frère, passage des Panoramas. *B*

265. *La Prière.*—*Le Silence favorable,*—*Le Repos.*—*La Conversation.*
Le Retour.—*Les Plaisirs paternels.* Bonington *del.* (Lith. de Langlumé). Chez Sazerac, éditeur, rue Taitbout, n° 30 *bis.*

BOSIO (le baron Jean-François),

Né à Monaco en 1762, élève de David, frère aîné du sculpteur le baron
de Bosio, mort le 6 juillet 1827 à Paris.

266. Promenade aux Tuileries. (G. Engelmann). Costumes dans
le goût de ceux de Carle Vernet.

BRASCASSAT (Jacques-Raymond),

Élève de Richard et de Hersent, né à Bordeaux le 30 août 1805, peintre
d'animaux et de paysage ; membre de l'Institut.

285. *Études d'animaux et de paysage*, dessinées d'après nature.
1831. (Lith. de Richebois). A Paris et à Londres, chez Rittner
et Goupil.—4 p. en largeur.

BOULANGER (Louis),

Élève de Guillon Lethière et d'Achille Déveria, né de parents français,
à Verceil (Piémont), le 11 mars 1806.

Les lithographies de M. Louis Boulanger donnent l'idée la plus juste des
doctrines de l'école romantique à son moment de la plus grande efferves-
cence. L'*Attaque de l'ours* est la répétition en sens inverse de la belle aquarelle que nous avons décrite plus haut.

286. *Les Fantômes* (C. Motte). Grande pièce dans le goût des scènes
fantastiques de Goya.—Le dernier jour d'un Condamné.—Tigre
prêt à bondir sur un lion. — Scènes tirées des *Faust.* — Jeune
femme turque assise et *Sarah la Baigneuse.* —Plusieurs de ces
pièces sont des épreuves d'essai sur chine. — *Les Noisettes, les
Preneurs de nids, les Orientales.* (Ch. Motte.) — Sur chine. —
*Androclès, le Sommeil du Lion, Attaque du Lion, Attaque du Tigre,
Mazeppa.* (Ch. Motte.)—Sur chine.—*Attaque de l'Ours.*—Ensemble
17 pièces.

CANON (Jean-Louis),

Élève de Charlet et de Dupont, né à Paris le 15 févr. 1809.

287. Portraits.— Études d'après Rembrandt et Holbein.— Scènes
de genre.— 9 pl. — *La Musique, la Danse,* études, etc. (Lith.
Formentin.)— 18 pl.

CHAMPMARTIN (Charles-Émile),

Élève de Guérin, né à Bourges le 4 mars 1799.

288. Une rue à Constantinople. (C. Motte.)

CHARLET (Nicolas Toussaint),

Né à Paris le 20 déc. 1792, élève de Gros, mort le 30 décembre 1845.

NOTICES SUR CHARLET.

289. Notice tirée des *Hommes du jour*, signée F. de C. (Feuillet de Conches.)—Extrait manuscrit d'un article inséré dansl'*Artiste* de 1833, p. 61, par Feuillet de Conches.—Extrait manuscrit de l'article biographique de Jacques Arago, inséré dans le 56ᵉ volume du *Dictionnaire de la conversation*, art. LECTURE.— Extrait de l'*Artiste*, par Ottavi.—*Intérieur d'atelier*, par J. Marc Fournier.—Extrait de la *Revue de Paris*, par J. Janin.—Autre sans signature.—Extrait du *Musée des Familles*, sans signature; du *Magasin pittoresque* avec portrait sur bois (mademoiselle de Montgolfier).—*L'Empereur et la garde impériale*. Prospectus.— Notice par Billou, ext. du catalogue de la vente après décès de Charlet et article sur cette vente.

PORTRAITS DE CHARLET

290. Par BENJAMIN (*Roubaud*). Lithographie avec la notice. (*Galerie de la Presse, etc.*) — Sur bois, entouré de six sujets de ses lithographies. (*L'Illustration*, 10 janvier 1846.)—Dessiné et lithographié par L. DUPRÉ.—Par DEVERIA (A). Lithographié d'après un croquis en charge dessiné sur l'album de Géricault, par H. Vernet.

291. Par RAFFET. Extrait d'une feuille de croquis. Il est représenté au milieu de la campagne, coiffé d'une casquette. — Extrait d'une autre feuille de croquis. Assis et coiffé d'une casquette; il parle à une petite fille, à laquelle il va donner une poupée. — Pièce tirée d'un album. Charlet est assis dans son atelier, devant sa table de travail. Une troupe de petits enfants a pénétré jusqu'à lui; l'orateur, la casquette à la main, lui dit : « *Vous qui avez fait le portrait de nos pères,... voulez-vous faire celui de leurs enfants, qui sont sages et pas gourmands?...* »

292. Par Julien. Portrait lithographié : fait partie de la *Galerie universelle*, publiée par Blaisot; le portrait semble avoir été copié sur la médaille en bronze de David d'Angers.

293. Par Hippolyte Bellangé. Frontispice de l'album de 1823. Parmi la foule qui obstrue l'entrée d'un petit théâtre, on distingue à la droite de Bellangé portant des lunettes, Charlet en redingote, le chapeau sur la tête, vu de profil et tourné à droite.—Réunion de convives chez la mère Saguet. Un ouvrier ivre est tombé près de la table. Charlet s'est levé, et cherche à remettre le pauvre diable sur ses jambes : *J'ai connu le malheur, et j'y sais compatir!* — Charlet déjeune avec un vieux peintre. A la vue d'un jeune artiste qui s'approche, il se lève avec empressement, et semble en accepter une invitation : *Déjeunez avec le classique et dînez avec le romantique, il y a de fort bonnes choses à manger dans les deux écoles.* Ces deux pièces ont été publiées par la *Silhouette* en 1839. — Charlet est assis dans son atelier, se chauffant devant son poêle. Derrière lui, sa mère, un enfant sur les bras, continue une conversation. « *Tu as beau rire, Toussaint, je te dis que, sans les malheureux événements de 1815, il aurait remboursé les assignats;... c'était son intention ; il en parlait souvent à ses maréchaux... Au reste il était assez délicat pour ça.* » Il a été tiré de cette pierre quelques épreuves seulement, avec des croquis sur les marges.—Frontispice de l'album de 1824. Charlet travaille, au fond.—*Apothéose de* CHARLET, composée et lithographiée par Hipp. Bellangé, en 1846. Le buste de Charlet est placé sur un socle. Autour de ce buste se pressent des militaires, des hommes du peuple et des enfants présentant des couronnes.

294. Son portrait par lui-même (vernis mou); chez Blaisot.

295. Par lui-même, d'après le buste en marbre d'Étex. 2 épr.

C'est d'après ce portrait, lithographié par Charlet lui-même, que Bellangé a dessiné sur bois le portrait très-ressemblant qui orne le livre de M. de La Combe.

296. Par Charlet. Frontispice de l'album de 1828. *Le public a obtenu justice...—Repose-toi, mais ne te rouille pas.* (Cat. L. C.,478.) —*Valentin au camp de Wilrich.* (Cat. L. C., 948.) — *L'avis du maître.* Charlet causant avec un peintre. (Cat. L. C. 978. A la

plume.) C'est l'un des plus ressemblants pour la figure et pour la tournure.

297. Par Valerio. Charlet, sa femme et ses deux fils. G. p. en h., imprimé par Bry.—Le portrait seul de Charlet, copié et réduit sur la pièce précédente.

298. Par Dantan. Lithographie, d'après la charge sculptée.— (*Miroir Drôlatique*, publié par *le Charivari*.) Charlet, assis dans un tonneau, coiffé d'un vieux bonnet de police, dessine un tambour-major et des soldats de bois placés devant lui, sur un escabeau : au-dessous on lit ces vers :

> Qui voudra de Charlet expliquer les succès
> Peut en deux mots résumer leur histoire ;
> Simple comme un enfant, et le cœur tout français,
> Il peignit l'enfance et la gloire.

PORTRAITS DIVERS PAR CHARLET

S. N. Jeune garçon, qu'on suppose être le fils de M. Vivant Denon.

> On ne connaît qu'une épreuve de ce portrait ; nous n'en possédons qu'un calque sur papier végétal, exécuté par Canon, sous les yeux de Charlet, ainsi que les calques que nous indiquons plus loin.

299. L'acteur Odry (rôle de *Beldame*) dans la *Leçon de danse*. Ce dessin, imprimé en 1822 chez Motte, a paru dans le journal *le Miroir*. (Cat. L. C., 3.) 2 épr.

300. Portrait en buste de M. Canon (père de l'artiste de ce nom). (Cat. L. C., 4, R.) Sur chine.

301. Portrait en buste du maître de classe des enfants de Charlet (1842). (Cat. L. C., 5, RR.) Sur chine. 2 épr.

302. Portrait du même, en pied. (Cat. L. C., 6, RRR.) 2 épr.

303. Portrait en pied du duc d'Orléans. Il orne la vie de ce prince, écrite peu de temps après sa mort, par J. Janin. (Cat. L. C., 7.) Sur chine.

304. Portrait en pied du prince Louis-Napoléon, pendant son procès à la Chambre des Pairs, en 1840. (Cat. L. C., 8.) 2 épr.

305. (Cat. L. C., 9 à 18 *bis et suivants*.) *Napoléon au bivouac (1822). R.
—*Napoléon à Iéna. Imprimé chez Villain en 1826.—*Napoléon
en campagne. Imprimé en 1822, chez Villain. —Napoléon une
cravache à la main. Petite pièce imprimée chez Villain en 1828.
—* Napoléon. Croquis.—* Napoléon assis au pied d'un arbre.—
* Napoléon vu par le dos. Pièce moyenne imprimée chez Villain
en 1826.— * Napoléon sur un cheval blanc qui se cabre. Imprimé chez Villain en 1829.— *Napoléon debout sur un rocher.
Au bas, en gros caractères, **1805**.—* Bonaparte, général en
chef de l'armée d'Italie. (RRR.) — Nous cataloguons ici, avec
toutes réserves, un très-petit portrait de Napoléon, portant 70 c.
de hauteur totale. Il est en habit, les mains derrière le dos et
appuyé contre un arbre. (RRR.) Ensemble 21 p. et quelques
doubles.

PIÈCES IMPRIMÉES CHEZ LASTEYRIE

306. Études à l'estompe. 3 pièces.

307. *Hussard au galop, le sabre à la main. Au bas, à g., *Ch...*
Cette pièce a été imprimée chez Engelmann, en février 1817.
(Cat. L. C., 19, RRR.) 2 épr.

308. *Deux Hussards au galop, le sabre à la main. (Cat. L. C.,
20, RRR.)

309. * Voltigeurs en tirailleurs derrière une palissade. (Cat. L. C.,
21, RRR.)

310. *Lanciers au bivouac. Au bas, à droite, *Charlet*. (Cat. L. C.,
22, RR.)

s. n. * Canonniers près d'une pièce en batterie.

> On ne connaît qu'une seule épreuve de cette pièce.— Nous n'en pos-
> sédons qu'un calque sur papier végétal.

311. *Poste avancé. A droite, en bas, les initiales *Ch*. (Cat. L. C.,
24, R.)

s. n. Poste avancé. Première idée de la pièce précédente.

> On ne connaît qu'une seule épreuve de cette pièce. Nous n'en possé-
> dons qu'un calque sur papier végétal.

312. Déroute de cosaques. Elle porte les noms de *Charlet* et de
Lasteyrie. (Cat. L. C., 26, R.)

313. ' Colonne d'infanterie en marche. (Cat. L. C., 27.) 2 épr.

s. n. * Colonne d'infanterie en marche. (Cat. L. C., 28, RRR.)
> On ne connaît de cette pièce que deux épreuves. Nous n'en possédons qu'un calque sur papier végétal.

314. * La Consigne. (Cat. L. C., 29, R.) 2 épr.

315. * Les Invalides à la pêche. (Cat. L. C., 30, R.) 2 épr.

316. * Cuirassiers chargeant. (Cat. L. C., 31, R.)

317. La Bienfaisance. (Cat. L. C., 32, R.) 2 épr.

318. L'Hospitalité. Pendant de la pièce précédente. (Cat. L. C. 33, R.) 2 épr.

319. * La Conversation. (Cat. L. C., 34, RR.) 2 épr.; l'une est coloriée.

320. * La Bienvenue. Le nom de *Charlet*, à droite. (Cat. L. C. 35, R.) 2 épr.

321. Le Décrotteur. (Cat. L. C., 36, R.) 2 épr.

322. Les quatre Mendiants. Cette pièce fait le pendant de la précédente, a les mêmes dimensions, et porte comme elle les noms de *Charlet* et de *Lasteyrie*. (Cat. L. C., 37, RR.) 2 épr.

323. * Le Grenadier de Waterloo. (C. L. C., 38.)

324. * Le Grenadier de Waterloo. Ce second dessin, de la même dimension que le premier, n'en est point une copie exacte. Dans cette seconde pierre, l'épée de l'officier anglais passe au-dessous de la tête d'un homme mort à ses pieds. Le nom de *Charlet* est au milieu. (Cat. L. C., 39, R.)

325. * Les deux Grenadiers de Waterloo. Un grenadier de la Garde, debout, soutient dans ses bras un camarade blessé comme lui, regardant avec désespoir le champ de bataille, le bras droit étendu, et le poing fermé, il s'écrie : *Malheureux! vous ne savez donc pas mourir!* (Cat. L. C., 40, RRR.) 2 épreuves dont l'une est une épreuve de mise en train, maculée, sur papier gris.

s. n. * Combat entre des Français et des Anglais. Le nom de *Charlet* au milieu de l'estampe, au bas. A droite des Anglais, à

gauche des Français se battent à coups de fusils. Dans le fond,
à gauche, un grenadier français déchire la cartouche, pendant
qu'un soldat lui panse le pied. (Cat. L. C., 41, RRR.)

On ne connaît qu'une seule épreuve de cette estampe. Nous ne possédons qu'un *fac-simile*.

327. * Le Drapeau défendu. (Cat. L. C., 42, R.)

328. Les Français après la victoire. (Cat. L. C., 42, RR.)

329. La Mort du Cuirassier. (Cat. L. C., 44, RR.) 2 épr.

« Ce dessin est d'une beauté vraiment épique. Je ne connais rien en
ce genre de plus touchant et en même temps de plus héroïque dans sa
simplicité. Ce sont trois figures qui forment ensemble une saisissante
unité, qui résument un grand désastre... Quelle sinistre image que cette
échelle de malheureux! Le vaincu soutient le mourant; le mourant
tombe sur le mort... Qu'ajouterait ici la couleur? Géricault eût été
heureux de signer une composition aussi belle, aussi éloquente sans
emphase, aussi expressive. » (Charles Blanc, *Histoire des peintres*. Charlet.)

S. N. * Les deux Tambours se disputant. (Cat. L. C., 45, RRR.)

On ne connaît qu'une seule épreuve de cette pièce. Nous n'en possédons qu'un *fac-simile* sur papier calque.

330. Invalide la pipe à la bouche.

331. * Les deux Invalides mutilés. (Cat. L. C., 47, RRR.)

332. Le Joueur de marionnettes. (Cat. L. C., 48, RR.)

333. Les Maraudeurs. (Cat. L. C., 49, RR.)

334. Les Invalides en goguette. (Cat. L. C., 50, R.) 2 épr. dont l'une
coloriée.

335. Le Grenadier manchot. Il est assis sur un banc de pierre,
au milieu d'un paysage traversé par des eaux. Un jeune enfant,
assis près de lui, dort appuyé sur sa cuisse. Au-dessus de sa
tête, sur un monument funèbre, on lit : *Ils sont morts pour la
patrie*. (Cat. L. C., 51, RRR.)

Nous ne connaissons qu'une seule épreuve de cet état. Dans les
épreuves postérieures, les mots : *Ils sont morts pour la patrie*, ont été
effacés; et dans ce grattage, les joints des pierres, très-apparents dans
l'épreuve précédente, ont disparu; ils ont été rétablis dans des épreuves
plus modernes encore.

S. N. * La pièce de canon enlevée.

Nous n'en possédons qu'un *fac-simile* sur papier calque.

PIÈCES IMPRIMÉES CHEZ DELPECH

336. M. Pigeon en grande tenue. (Cat. L. C., 53, R.)

337. * Deux prisonniers russes amenés devant un officier français. (Cat. L. C., 54.) 2 épr.

338. * Prisonniers autrichiens. Pièce faisant pendant à la précédente. Au bas, à droite, le nom de *Charlet*. 2 épr.

339. * Le vin de la comète. Avec les deux initiales *Ch*. (Cat. L. C., 56.) 2 épr.

340. * Le peintre d'enseignes. (Cat. L. C., 57.) 2 épr.

341. *Que dit-on?* Au bas, à gauche, la lettre *C*. (Cat. L. C., 59 RR.) 2 épr.

342. Deux vieillards sont assis sur un banc; celui de gauche parle à l'oreille de l'autre, sa main devant sa bouche, par un excès de prudence. *On dit*..... à ces premiers mots, la figure du vieillard qui reçoit la confidence se décompose. Au bas, à droite, la signature *C*. (Cat. L. C., 59, RR.) 2 épr.

   Cette pierre s'étant cassée après le tirage d'un petit nombre d'épreuves, a été refaite comme il suit.

343. *On dit*... Elle est en sens inverse, et les bas du vieillard qui reçoit la confidence sont chinés. A droite, le nom de *Delpech*. (Cat. L. C., 60.) 2 épr.

344. *On ne dit rien*. Avec le nom de *Delpech* et l'initiale *C*. (Cat. L. C., 61.) 2 épr.

345. *Ils s'en vont!* (Cat. L. C., 62.) 2 épr.

346. *Il faut en rire*. Avec le nom de *Delpech* et l'initiale *C*. (Cat. L. C., 63.) 2 épr.

347. * *Je boude avec les blancs*. (Cat. L. C., 64, RRR.)

348. Gaspard l'avisé partant pour l'armée. (Cat. L. C., 65.) 2 épr.

349. Infanterie légère montant à l'assaut. Avec le nom de *Delpech* et l'initiale *C*. (Cat. L. C., 66, R.)

350. Siége et prise de Berg-op-Zoom, à la Petite-Provence. (Cat. L. C., 67, RR.) 2 épr.

351. Courage, Résignation, avec le nom de l'éditeur et l'initiale *C*. (Cat. L. C., 68, RR.) 2 épr.

352. * Le Caporal blessé, et son chien lui léchant sa blessure. (Cat. L. C., 69, RR.)

353. * Mendiants. (Cat. L. C., 70.)

354. * Grenadier assis, avec un enfant. (Cat. L. C., 71.)

   Les deux pièces décrites ci-dessus ont été imprimées sur la même feuille

355. * Braconnier, avec le nom de *Charlet*. (Cat. L. C., 72.)

356. * Les Gueux, avec le nom de *Charlet*. (Cat. L. C., 73.)
> Les deux pièces décrites ci-dessus ont été imprimées sur la même feuille.

357. Le Soldat français. (Cat. L. C., 74, RR.)
> *... Si fractus illabatur orbis,*
> *Impavidum ferient ruinæ.*

358. * Petit paysan en goguette, une hotte sur le dos. (Cat. L. C., 75, RRR.)
> Ce petit croquis, sans aucune indication, et dont on a tiré seulement trois épreuves, était dessiné sur la marge de la pièce précédente.

359. * Cuirassier français tenant un drapeau. (Cat. L. C., 76, R.) 2 épr.

360. Le Menuet. (Cat. L. C., 77, RR.) 2 épr.

361. * La Gamelle compromise. (Cat. L. C., 78, RR.)

362. * La Cuisine au bivouac. (Cat. L. C., 79, RR.) 2 épr.

363. Délassement des consignés. (Cat. L. C., 80, RR.) 2 épr.

364. * Vieillard montrant le portrait de Cambronne à des enfants. (Cat. L. C., 81, RRR.) 2 épr.

365. *Au maréchal Brune.* (Cat. L. C., 82, RRR.) 2 épr.

366. L'Instruction militaire. (Cat. L. C., 83, RR.) 2 épr.

367. Le Soldat musicien. Fait le pendant de la pièce précédente. (Cat. L. C., 84, RR.) 2 épr.

368. Le Marchand de dessins lithographiques. (Cat. L. C., 85, R.)

369. Les Maraudeurs. (Cat. L. C., 86, RR.)

370. L'Aumône. Un grenadier décoré s'est arrêté devant un vieux mendiant assis sur un banc entre deux enfants. En vrai bourru bienfaisant, il fouille de la main gauche dans son gousset pour y chercher une pièce de monnaie. (Cat. L. C., 87, R.)
> Les premières épreuves de cette pièce, une des plus belles de l'œuvre, sont imprimées avant le mot *l'Aumône*, ajouté depuis.
> C'est en voyant cette pièce chez Delpech que Gros disait tout ému : « Je voudrais avoir fait cela. »

371. * Jeune soldat se découvrant devant un invalide. (Cat. L. C., 88, RR.) 2 épr.

371 *bis. A moi les anciens!* (C. L. 89.

372. Appel du contingent communal. (C. L., 90. RR.)

373. Le Quartier général. (C. L., 91.)

PIÈCES IMPRIMÉES CHEZ MOTTE

374. Les Pénibles adieux. (Cat. L. C., 92, R.) 2 épr.

S. N. Saint Georges poursuivant la femme innocente.

> Nous n'en possédons qu'un *fac-simile* sur papier calque.

375. J'attends de l'activité. (Cat. L. C., 94, R.) 2 épr.

376. Toi!... Oui, moi!... (Cat. L. C., 95, RR.) 2 épr.

377. Entrée, ou milord Gorju, et Sortie, ou milord la Gobe. (Cat. L. C. 96, 97.)

> Ces deux petites pièces, en hauteur et encadrées, ne portent que le nom de l'éditeur. Les premières épreuves en noir sont rares.

378. « *Je l'ai gagnée à Friedland!* » (Cat. L. C., 98, RR.)

379. Les Consignés prenant les armes pour la corvée du quartier. (Cat. L. C. 99, RRR.) Sans marge.

> Très-jolie pièce, tirée seulement à quelques épreuves d'essai, avec le nom de *Charlet*.

380. L'Ouvrier endormi. Cette belle pièce n'a été tirée qu'à trois épreuves d'essai. Elle porte le nom de *Charlet*. Pendant le sommeil d'un ouvrier endormi sur un banc de pierre, un vieux camarade, entouré par d'autres ouvriers, lui ouvre son habit, et aperçoit la croix de la Légion d'honneur. (Cat. L. C., 100, RRR.)

381. Doucement, la mère Michel. Avec le seul nom de *Charlet*.

Les épreuves postérieures sont encadrées et portent, avec le nom de Charlet, celui de *Motte*. (Cat. L. C., 101, R.) 2 épr.

382. *L'Intrépide Lefebvre.* — *C'est mon père! c'est mon père!* Deux pièces faites pour le même ouvrage, les *Fastes de la nation française*, édité par Decrouan. (Cat. L. C., 102 à 103.)

383. « *Soyez plutôt maçon, si c'est votre métier!* » C'est en cet état que la pièce a paru dans le journal *la Pandore*.

384. Autres épreuves avec « *Si c'est votre talent.* » 2e état. (Cat. L. C., 104, R.)

385. Réjouissances publiques. (Cat. L. C., 105, R.)

386. Siége de Saint-Jean-d'Acre. Première idée, non terminée.

> Nous n'en possédons qu'un *fac-simile* sur papier calque.

387. Siége de Saint-Jean-d'Acre. Le général Bonaparte est au milieu de l'estampe, la tête de profil, regardant à gauche. A gauche aussi, et près de lui, trois généraux, dont les chapeaux sont ornés de plumes et de panaches. A droite, deux grenadiers, à la tête d'une colonne, étendent le bras gauche vers le général en chef, comme pour prêter serment. Pièce publiée dans la *Vie politique et militaire de Napoléon*, par Arnaud, 1822. (Cat. L. C., 107, R.) 1er état RRR. La pierre est peu chargée de crayon; l'assaut n'est qu'indiqué; les bâtiments en rade ne sont presque que des points de repère; la pièce n'est point encadrée et porte la signature de *Charlet*, au bas, à gauche.

388. 2e état RRR. La composition un peu plus travaillée, surtout dans l'assaut.

389. 3e état R. La planche terminée, circonscrite d'un tr. c. Au bas: *Siége de Saint-Jean-d'Acre*. Il n'en a été inséré que quelques épreuves dans les premières livraisons de l'ouvrage.

390. * Siége de Saint-Jean-d'Acre. La pierre a été refaite; des trois généraux, deux surtout ont été rapprochés du général en chef. Celui-ci a maintenant la main droite cachée dans son habit. Les deux grenadiers de la droite ont été remplacés par un caporal-tambour suivi de deux tambours. Un colonel qui étendait la main gauche vers le général, a son épée élevée en l'air. (Cat. L. C., 108, RRR.)

Cette pièce, dont il n'existe qu'un bien petit nombre d'épreuves, ne porte aucun nom, et n'est pas encadrée.

391. Siége de Saint-Jean-d'Acre. C'est la même pierre que la précédente, sauf des changements vraiment déplorables, exécutés par un artiste nommé Champion. (Cat. L. C., 109.)

392. Dans le 2e état, l'estampe est encadrée et porte au bas à droite, *lithog. de C. Motte*. Enfin dans le dernier état portant le titre : *Siége de Saint-Jean-d'Acre*, le dernier bâtiment à gauche marche en présentant son arrière, tandis que dans l'état précédent, il marchait de gauche à droite. C'est ainsi que la pièce a paru dans l'ouvrage déjà cité.

Dix-sept pièces imprimées chez Lasteyrie en 1817 et 1818.

393. (Cat. L. C., 110 à 126). *Recrue à l'exercice.—* Sergent d'infanterie. — *Officier de voltigeurs. — Carabinier instructeur. Infanterie légère. — * Sergent de carabiniers, guide général.

— *Sapeur d'infanterie. —* Grenadier de la garde impériale. —
*Grenadier de la garde royale. — *Deux grenadiers de la garde
royale. — * Chasseur à cheval de la garde impériale.—* Dragon
de la garde impériale. — * Cuirassier. — * Deux cuirassiers. —
* Deux lanciers polonais de la garde impériale. —Canonnier à
cheval de la garde royale. — ·Lancier polonais de la garde impériale. — Dragon, compagnie d'élite.

> Toutes ces pièces sont rares : *les Deux grenadiers de la garde royale,—
> les Deux cuirassiers, — le Lancier polonais*, sont très-rares ; — *le Dragon,
> compagnie d'élite*, est rarissime.
> Suite double sauf les nᵒˢ 111,—119,—124 et 126 du Cat. L. C.

**Vingt-huit pièces à la plume imprimées chez Delpech à la fin de 1817
et au commencement de 1818.**

> Cette suite est peu commune en noir, ayant été faite pour être coloriée ;
> aucune des pièces qui la composent ne porte le nom de Charlet ou de
> Delpech.
> Les quatre derniers numéros sont de la plus grande rareté.

394. (Cat. de L. C., 127 à 154.) — Nᵒ 1. * Frontispice. — Nᵒ 2.
Tambour-maître, infanterie légère. — Nᵒ 3. Sapeur, infanterie légère. — Nᵒ 4. Capitaine de carabiniers, infanterie
légère. — Nᵒ 5. Cornet de voltigeurs, infanterie légère. —
Nᵒ 6. Grenadier, infanterie de ligne. — Nᵒ 7. Tambour, infanterie légère. — Nᵒ 8. Adjudant sous-officier, infanterie légère.
— Nᵒ 9. Carabinier, infanterie légère. — Nᵒ 10. Grenadier,
garde royale.— Nᵒ 11. Voltigeur, infanterie légère. — Nᵒ 12.
Recrue.—Nᵒ 13. Fusilier, infanterie de ligne.—Nᵒ 14. Voltigeur,
infanterie de ligne.—Nᵒ 15. Officier, infanterie de ligne.—Nᵒ 16.
Chasseur, garde royale. — Nᵒ 17. Voltigeur. — Nᵒ 18. Vivandière. — 19. Grenadier. — 20. Fusilier, garde royale. — Nᵒ 21.
Tambour de voltigeurs, infanterie de ligne.— Nᵒ 22. Sergent de
carabiniers, infanterie légère. — Nᵒ 23. Tambour-major, infanterie de ligne. — Nᵒ 24. Colonel, infanterie de ligne. —
Nᵒ 25. Hussard. (ʀʀʀ.)—Nᵒ 26. Chasseur à pied. (ʀʀʀ.)—Nᵒ 27.
Maréchal des logis de Hussards. (ʀʀʀ.) — Nᵒ 28. Fusilier, légions départementales. (ʀʀʀ.) —19 p. doubles et un calque.

Suite de deux pièces. (Delpech, 1819.)

395. Dragon d'élite, armée d'Espagne — · Grenadier à pied de la
vieille garde. (Cat. L. C., 155 et 156, ʀ.) 2 épreuves de chacune.

396. (Cat. L. C , 157 à 186.) — N° 1. Grenadier à pied en petite tenue (ex-garde). — N° 2. Grenadier à pied, tenue de guerre (ex-garde). — N° 3. Grenadier à pied, officier porte-drapeau, grande tenue (ex-garde). — N° 4. Mameluk (ex-garde). — N° 5. Chasseur à pied en grande tenue (ex-garde).— N° 6. Soldat du train. Artillerie légère (ex-garde). — N° 7. Grenadier à cheval en grande tenue (ex-garde). — N° 8. Chasseur à cheval (ex-garde). — N° 9. Tambour-major des grenadiers à pied, grande tenue (ex-garde). — N° 10. Sergent de grenadiers en petite tenue (ex-garde). — N° 11. Lancier en grande tenue (ex-garde). — N° 12. Dragon en grande tenue (ex-garde). — N° 13. Sapeur-mineur en grande tenue (ex-garde). — N° 14. Marin (ex-garde). — N° 15. Artillerie légère. Canonnier en grande tenue (ex-garde). — N° 16. Trompette des dragons en grande tenue (ex-garde). — N° 17. Grenadier à pied en grande tenue (ex-garde). — N° 18. Sapeur des grenadiers à pied en grande tenue (ex-garde). — N° 19. Capitaine de grenadiers à pied (ex-garde). — N° 20. Officier de lanciers en grande tenue (ex-garde). — N° 21. Gendarme d'élite en grande tenue (ex-garde). — N° 22. Fusilier-grenadier en grande tenue (ex-garde). — N° 23. Fusilier-chasseur en grande tenue (ex-garde). — N° 24. Chasseur à cheval en petite tenue (ex-garde). — N° 25. Lancier du deuxième régiment en grande tenue (ex-garde).— N° 26. Lancier polonais en petite tenue (ex-garde). — N° 27. Canonnier à pied en grande tenue (ex-garde). — N° 28. Grenadier à cheval, tenue de guerre (ex-garde). — N° 29. Chasseur à pied, tenue de route (ex-garde). — N° 30. Officier de dragons en grande tenue (ex-garde).

397. (Cat. L. C., 187 à 201, RR.) — 1. Frontispice : SAPEUR. En grande tenue, en chapeau, et sans sa hache ; il porte la croix et trois chevrons. Son poing gauche s'appuie sur un socle, sur lequel on lit : *La vieille armée française*. Dans le fond on aperçoit la colonne de la place Vendôme. C'est l'une des plus belles pièces de tout l'œuvre de Charlet. — 2. Sapeur (grande tenue).

Infanterie de ligne (1809). — (*Sans. numéro.*) Grenadier (en campagne). Infanterie de ligne (1890). — 4. Grenadier (grande tenue). Infanterie de ligne (1809). — (*Sans numéro* aux premieres épreuves et avec le n° 3 aux épreuves suivantes). Capitaine de grenadiers (grande tenue). Infanterie de ligne (1809). — (*Sans numéro.*) Capitaine de voltigeurs (grande tenue). Infanterie de ligne (1809). — 7. Voltigeur (grande tenue). Infanterie de ligne (1809). — 8. Compagnie du centre (grande tenue). Infanterie de ligne (1809). Cornet de voltigeurs. —(Nous n'en possédons qu'un *fac-simile* sur papier calque du n° 196.) — 9. Tambour de voltigeurs (grande tenue). Infanterie de ligne (1809). (RR.) — * Tambour de grenadiers. Son tambour pend à son côté, et dans sa main droite sont ses deux baguettes. Derrière lui, et dans le fond, on voit un peloton de grenadiers marchant en bataille, l'arme au bras. Cette pièce porte seulement le nom de *Charlet.* Il n'en existe que trois épreuves. (RRR.)— 10. Tambour-maître (grande tenue). Infanterie de ligne (1809). Première idée de la pièce précédente. Ici le caporal-tambour est tourné vers la gauche, sa canne dans la main droite. Il va donner le signal aux nombreux tambours, prêts à battre, qu'on aperçoit derrière lui. Tiré à trois épreuves. (RRR.) — (*Sans numéro* aux premières épreuves et avec le n° 6 aux épreuves suivantes). Porte-drapeau (grande tenue). Infanterie de ligne (1809). Il porte les galons de sergent-major. Il tient de ses deux mains la hampe d'un drapeau déchiré par les balles, et sur lequel on voit le n° 66.

Cette suite avec les pièces rarissimes qu'elle renferme est du plus grand intérêt. Nous avons dit déjà dans l'avant-propos que nous présentions les séries dans leur ensemble, mais que, sur la demande des amateurs, les pièces rarissimes pourraient être détachées.

Deux costumes à la plume. (Villain, 1822.)

398. * Grenadier à pied de la garde impériale.—Dragon d'élite. (Cat. L. C., 202 et 203.) 2 épreuves de chacune.

Deux costumes d'Infanterie. (Villain, 1822.)

399. Infanterie légère française. Carabinier. —Infanterie légère française. Voltigeur. (Cat. L. C., 204 et 205.)

Les décorations russes qui sont au pied de ce soldat ont été grattées dans les tirages postérieurs.

Costumes de la Garde nationale. (Villain, 1827.)

400. Garde nationale de Paris. Grenadier (grande tenue) (1827).
—La même pièce, première idée. A droite, on lit sur un mur :
Les Amis seront toujours des Amis, etc. (n.) — Garde nationale de
Paris. Chasseur (grande tenue). (1827). (Cat. L. C., 206 à 208.)

Costumes de Corps militaires faisant partie de l'armée française avant et pendant la Révolution.

401. (Cat. L. C., 209). (rrr.) — ' Garde-française (14 juillet
1789). 2 épr.

402. (Cat. L. C., 210). (rrr.) — ' Garde-française (14 juillet
1789). (Même idée que la pièce précédente.) Il est tourné vers
la droite. Au bas griffonnements à l'estompe. 2 épr.

403. (Cat. L. C., 211 à 217.) — Garde-française (14 juillet 1789).
C'est la même pierre que la précédente. Mais elle est beaucoup moins noire dans son ensemble; le mur sur lequel la
garde - française avait la main gauche posée a été refait ;
au-dessus, on voit quelques arbres. — Régiment de Flandre.
Grenadiers (1792). — Le salut. Officier suisse. — Garde suisse.
Grenadier (1792). — La patrie en danger (1792) — Général
républicain (1793.) — Colonel d'infanterie (1794).

Suite sur chine et avant la lettre. Il n'en a été tiré en cet état que
cinq ou six —Suite avec la lettre.

L'Empereur et la Garde impériale.

404. (Cat. L. C., 218.) * Frontispice-Prospectus. Première idée.
A droite, un saule. Au milieu, l'Empereur, vu de profil
et tourné à gauche, a les mains derrière le dos. Au bas, à
droite, *Charlet.* (rrr.) Il n'en existe que deux épreuves avant le
trait carré.

405. (Cat. L. C. 219.) L'Empereur, un peu plus grand est vu de
trois quarts. (rr. Avant le prospectus.)

406. (Cat. L. C., 220 à 261.) 1. L'Empereur. Habit de grenadier (*tenue des grandes solennités militaires*). — La même
pièce. Avant toutes lettres. Au bas, et à droite de la planche,
une petite tête d'homme de profil tournée à droite, les
cheveux hérissés. Ce petit griffonnement a été effacé après

le tirage de trois à quatre épreuves. (RRR.) — 3. Officier
d'ordonnance de l'Empereur (*créés vers 1805, époque d'Austerlitz.*)
—4. Officier général. Colonel *commandant un régiment de grenadiers à pied (vieille Garde)*.— La même pièce. Avant toutes
lettres. Au bas, deux griffonnements ; à gauche, une étude
d'arbre ; à droite, une petite tête militaire, siècle Louis XV.
Après le tirage des trois ou quatre premières épreuves, ces
griffonnements ont été effacés. (RRR.)—10. Tambour-major.—
14. Capitaine de grenadiers à pied (*grande tenue*).—15. Officier
de grenadiers (*tenue ordinaire*). — 17. Grenadier à pied
(*grande tenue*). — 18. Grenadier à pied (*grande tenue*). Elle ne
diffère de la précédente que par les guêtres noires, qui rem-
placent les guêtres blanches. — 19. Grenadier (*tenue de ville*).
—22. Grenadier à pied (1815). *Île d'Elbe.* (Cette pièce ne porte
pas le nom de Charlet. Elle a été dessinée par Raffet et Valerio,
d'après un tableau de Charlet. —23. L'Empereur, *frac de chasseur à cheval*. — Capitaine de grenadiers (*sans hausse-col*). (RRR.)
—*Capitaine de grenadiers. C'est la même pierre que la précédente ; on a seulement ajouté un hausse-col qu'on avait omis.(RR.)
(Charlet ne trouvant pas assez de noblesse dans la figure du
capitaine, condamna cette pierre et la remplaça par celle N° 14.
Après la mort du maître, voulant utiliser cette première pierre,
on la transforma comme il suit) :—25. Capitaine de chasseurs à
pied (*grande tenue*). Cette pièce n'offre de différence avec la
précédente qu'en ce que les plaques des bonnets à poil du
capitaine et de sa compagnie ont été effacées.—* Grenadier à
pied, *grande tenue* (RRR). Cette pierre, condamnée d'abord par le
maître et remplacée par les N°ˢ 17 et 18, a été reprise après sa
mort et a fourni la pièce suivante:—26. Chasseur à pied (*grande
tenue*). C'est le grenadier décrit plus haut et transformé en
chasseur par la suppression de la plaque du bonnet à poil. Les
changements sur la pierre-mère ont été faits par Raffet.—
26. Capitaine de grenadiers à pied (*tenue de route*).—27. Chasseur
à pied (*grande tenue*). Celui du N° 26 portait des guêtres noires ;
celui-ci a des guêtres blanches.—28. Chasseur à pied, sergent
(*tenue de ville*). — 29. Porte-Aigle. — 31. Fusilier-grenadier
(*grande tenue, moyenne garde*). — 35. Garde royale hollandaise.
Capitaine de grenadiers (*grande tenue*).— 36. Garde royale hollandaise. Grenadier (*grande tenue*). — 37. L'Empereur en campagne.—38. Pupille (*jeune Hollandais*, 1811).— 40. Tirailleurs-

Grenadiers (*sergent, moyenne garde*). Cette pièce ne porte pas le nom de Charlet; elle est dessinée par Raffet sur des indications laissées par le maître.—49. Artillerie à pied. Officier supérieur. —51. Gendarme d'élite (*grande tenue*).—55. Grenadier à cheval (*tenue de ville*). —* Chasseur à cheval (*grande tenue*). (RRR.)(Cette pièce a été tirée à un très-petit nombre. Condamnée par le maître, elle a été refaite ainsi qu'il suit) :—60. Chasseur à cheval (*grande tenue*). Plus jeune et plus élégant que le précédent. L'Empereur, qui dans l'estampe précédente était à droite, est à gauche ici.— 64. Mameluk.—* Lanciers polonais. *Colonel commandant.* Sur un cheval blanc, tourné à gauche, il est vu de trois quarts, en grande tenue, le bras gauche en l'air et étendu. (RRR.) (Il existe un très-petit nombre d'épreuves de cette pièce, condamnée par le maître et refaite comme il suit) :—69. Lanciers polonais. *Colonel commandant.* Le bras gauche est ployé ; le lancier qu'on voyait à gauche, dans le fond, a disparu. — 70. Chevau-léger polonais. C'est la pierre qui a fourni l'épreuve plus haut, mais tout à fait transformée par Raffet. Dans le fond, on distingue une charge de lanciers. Le nom de Charlet est en quelque sorte la seule chose conservée de la pierre primitive.— 79. Bonaparte. *Général en chef* (armée d'Italie). On lit au bas ces tristes paroles : « Dernière lithographie de Charlet, terminée la veille de sa mort, 29 décembre 1845. »—Première idée de la précédente. Croquis peu avancé. (RRR).— 80. Recrues pour la Garde impériale. — 81. Napoléon, élève à l'École militaire (1783).—* Napoléon à l'École militaire. Cette pièce est la première idée de la pièce précédente ; elle ne fait point partie de la suite que nous décrivons. Elle a été éditée chez les frères Gihaut. Napoléon, plus grand que tout à l'heure, est placé dans une position semblable et devant un mur couvert de figures de fortification. Au lieu d'un crayon, il tient à la main droite la baïonnette de son fusil.— 82. Bonaparte aux Tuileries (10 *août* 1792). — 84. L'Empereur, 1812 (*procédé de lavis*). — La même pièce, très-rare épreuve, sans numéro, sans aucun nom, sauf celui de *Charlet.* (RRR.) Elle est au lavis, sans être bistrée comme les épreuves mises dans le commerce. Le chapeau de Napoléon est beaucoup plus haut de forme.

Suite complète sur papier blanc. — Suite sur chine avant les numéros, sauf une, le n° 22. — 10 pièces formant états ci-dessus désignés et doubles,

PIÈCES DÉTACHÉES, TERMINÉES, AVEC OU SANS TEXTE

SORTANT DE DIVERSES IMPRIMERIES, POUR LA PLUPART
DE CELLE DE VILLAIN.

S. N. *La nymphe de la Tamise.

Nous ne possédons qu'un *fac-simile* sur papier calque.

1821

407. (Cat. L. C., 266 et 267.) Bonaparte factionnaire. — La Boule de neige. (Avant la lettre.)

1822

408. *Cet homme a bien mauvais genre!* (Cat. L. C., 268 et suivants, RRR.) — Le pauvre diable. — Vᵉ la France. — Tond les chiens, coupe les oreilles et va en ville. — Les quilles. — *Elle n'admet point de remplaçant.*

409. (Cat. L. C., 269 à 280.) 1810. Impiété. — 1820. Piété. (Ces deux pièces, imprimées d'abord sur une même feuille, ont été, dans un tirage postérieur, imprimées séparément en h., et l'on a effacé ces mots : *Triomphe de la religion.*)—J'obtiens de l'activité.—*Il m'en reste encore un pour la patrie.—Aux vieux grognards, le tailleur de pierre reconnaissant.— Vous croisez la baïonnette sur les vieux amis! Vous n'êtes donc plus Français?...* (Après le premier tirage, ces mots : *Vous n'êtes donc plus Français?* ont été effacés.)

410. École du balayeur.—*Voilà pourtant comme je serai dimanche!* (Ces deux pièces se font pendant ; elles ont été éditées par madame Hulin.)

1823

411. (Cat. L. C., 281 à 287.) Adieu, fils! je t'ai revu..., je suis satisfait !...—L'école de village.—*Le beau bras! dit-il, c'est comme l'antique!—J'aime la couleur!*

412. *Comment faire?—Dissimulons!* Fait pendant au numéro précédent et ne porte que le nom de *Villain.*

413. *Paie, et tais-toi!*

414. *Louis XVIII. Vu par le dos, au balcon des Tuileries, il s'écrie : *Mes chers enfants, je vous porte tous dans mon cœur!* (Cat. L. C., 288, RRR.) (Imprimé à très-petit nombre d'épreuves, par Villain.) 2 épr.

415. (Cat. L. C., 289 et suiv.) *Entrez, entrez chez Gihaut*, etc., etc. (Cette pièce devait servir probablement de frontispice à l'album de 1824. C'est la même idée.)

416. Le soleil luit pour tout le monde. (1ᵉʳ état, RR, avant les filets d'encadrement.) — *Je suis innocent! dit le conscrit. Par le flanc droit! répond le caporal.* — La manie des armes.

417. Réjouissances publiques.

1824

418. *Vieillard méditant devant une tête de mort. (Cat. L. C., 294.)

419. Promenade à Belleville de madame Durand, Coco, Fifine, Azor, Polichinelle et M. Durand. *On aperçoit le petit cousin.* En ce moment Coco se lève, et va frapper son père avec une longue gaule en s'écriant : *Papa! dada!* (Cat. L. C., 295.) (Tr.-g. p. en t., encadrée ; id. sur chine.) 2 épr.

420. *Madame valse avec le cousin.* Coco veut s'emparer du dîner. *Papa! nanan!...* A gauche, Fifine retrousse sa robe : *Papa! caca!* Fait pendant à la précédente. (Cat. L. C., 296.)

421. Papa! nanan! Papa! caca! Ce dessin, condamné par le maître et remplacé par celui que nous venons de décrire, est terminé et porte tous les noms. La voiture des enfants est à droite. (Cat. L. C., 297, R.)

422. *Le laboureur nourrit le soldat, le soldat défend le laboureur!* (Cat. L. C., 298.)

423. (Cat. L. C., 299 et 300.) Le premier coup de feu. (Id. sur chine.)—Le second coup de feu. Faisant pendant de la précédente.

1825

424. (Cat. L. C., 301 et suiv.) *Jeune! se dit-il, j'avais des dents et pas de pain ; vieux! j'ai du pain et pas de dents.*—*Même sujet, avec la même légende. Dessin tout à fait différent du précédent. Le veillard porte un chapeau à trois cornes.

425. L'insubordination. (1ᵉʳ tirage, chez M. Fromentin ; 2ᵉ, chez les Gihaut.)—*Elle a le cœur français, l'ancienne!* C'est le portrait de la mère de Charlet. — Ils sont les enfants de la France! (Pièce faite à la mort du général Foy.)

1826

426. (Cat. L. C., 306 à 308.) *Est-ce un dindon?* — Le billet de logement. (Éditée chez Bance et imprimée chez Benard.) — *Ah! quel
plaisir... d'être soldat!*

1827

427. (Cat. L. C., 309 et 310.) *Au commandement de halte! rapportons
vivement le pied qui est à terre... — Au commandement de pas d'observations! tu renfonces simultanément ton discours!...*

428. *Capitaine, j'ai des faiblesses! — Honneur au courage malheureux.* (Cette pièce en h., 1/4 colombier, faisait partie de l'album intitulé : *l'Amitié,* donné à Duval-Lecamus par divers
artistes, ses amis.)

429. *Votre gaz, lui dit-il, c'est l'anarchie et la destruction de la
morale; et votre enseignement mutuel!!! la Révolution!!... la Révolution!...* (Cette légende sur l'une de nos épreuves est écrite de
la main même de Charlet.) Cat. L. C., 313, RRR. 2 épr.

1828

430. (Cat. L. C., 314 à 318.) * Tête d'homme effrayé. — * Scène
d'intérieur. — *Ah! si j'étais de la police! — Dis donc, tambour-
major des incurables... — Lieutenant, dit-il, je cherche du fourrage
pour mon cheval.*

431. * Première idée de la même pièce, non terminée; elle ne
porte aucun nom. L'officier et le hussard sont à peu près ter-
minés : le dernier est à droite, la tête nue. (Cat. L. C., 319, R.)

432. * Saint Jérôme. (Cat. L. C.; 320, RR.) 2 épr.

1829

433. (Cat. L. C., 32 à 323.) « *Sire, c'est à Austerlick que j'ai été
démoli.* » — * Feuille de croquis. Celui du milieu, en haut, représente une vieille femme tenant dans ses bras un enfant. —
* Deuxième feuille de croquis. Au bas, à droite, un jeune soldat,
son fusil dans la main droite, tient son shako de l'autre main.

1830

434. (Cat. L. C., 324 à 331.) * Feuille de croquis. « *Jupiter doit
toujours être comme ça.* » — * Deuxième feuille de croquis. Un

Turc, vu par le dos, et à sa gauche un enfant.—*Troisième
feuille de croquis. Le bas est entièrement rempli par un champ
de bataille couvert de troupes de toutes armes.—Croquis n° 1.
On distingue un officier de la République, à cheval; à droite,
une jeune femme agenouillée.—Croquis n° 2. Un enfant à cheval
sur un bâton; au bas, à droite, un paysan cause avec une
paysanne.—Croquis n° 37. Une charrette escortée par des cavaliers; au bas, à droite, une petite tête d'homme.—Croquis n° 38.
Un chasseur de la Garde, l'arme au bras; au bas, à droite, suite
de petites têtes grotesques, etc., etc. (Les 4 croquis précédents,
imprimés chez Villain, édités par Rittner.)—*Jeune femme assise
dans un jardin, ayant un petit enfant debout sur ses genoux. A
droite, un jeune garçon, le sac au dos, présente les armes.

435. (Cat. L. C., 332 et suiv.) Le gamin éminemment et profondément libéral. (Après le tirage de quelques épreuves, le mot *libéral*
a été effacé et remplacé par celui de *national*.)—Autre épreuve
sur chine.

436. L'allocution (28 *juillet* 1830.) — *Première idée de la pièce
précédente*, sans aucun nom. L'homme qui fait l'allocution a un
bonnet sur la tête.

437. * Le tailleur de pierres. — * Le tailleur de pierres. C'est la
même idée que précédemment, à peu près terminée; ne porte
aucuns noms. Ici le tailleur de pierres a la main droite appuyée sur son pic.

438. *J' te parie quatre sous tout de suite ! q' c'est moi et petit Pannelot
qu'a proclamé la République...* — Pingard et Buchette faisant la
partie d'aller demander du pain ou la mort.

1831

439. Charge de chevau-légers. (Cat. L. C., 339, rrr.) — Unique
épreuve de la pièce précédente portant le nom de Villain, remplacé aux épreuves postérieures par celui des Gihaut.

440. Essai à la manière noire, *par Charlet.* Cette pièce a été dessinée comme essai d'un procédé nouveau de Motte, et imprimée
par lui. (Cat. L. C., 340.)—Épreuve de la pièce précédente tirée
avant toutes lettres. Les épreuves portent au bas, à droite, une
petite tête de vieillard, dessinée par Charlet, pour essayer le

procédé; elle est effacée aux épreuves postérieures. (Cat. L. C., 341, RRR.) 2 épr. de cette dernière.

441. * Marche de lanciers sur un champ de bataille. (Cat. L. C., 342.)

442. Vieux pâtre assis près du tombeau de sa fille. (Cat. L. C., 343.)

443. *Quand tu fais des poires sur tes cahiers, tâche au moins de me faire la queue !* (Cat. L. C., 344.) Cette pièce fait partie d'un album destiné dans le temps à payer les amendes du journal *la Caricature.—Comme flûte, je suis avant Tulou, par rang d'ancienneté*, pièce destinée à faire partie d'un keepsake lyrique. (*Leduc*, éditeur). (C. L., 345. R.)—* Costumes du moyen âge. (C. L., 346.)

1838

444. Jacques-Vincent Iᵉʳ, fondateur des frileux (1838). (C. L., 347.)

1839

445. *Soldat sous la République. (C. L., 348.) — *Soldat sous Louis XV. (C. L., 349.)

1840

446. * Deux élèves de l'École polytechnique. (C. L., 350.)

447. Le magister de notre village, costume de Louis XV. *A M. le comte de Marcieux.* Plus bas, à gauche : *Lithographie de Villain, imprimeur sans caractère.* Après le tirage de quelques épreuves, Villain, ne voulant pas passer plus longtemps pour un *imprimeur sans caractère*, a effacé ces trois mots. (C. L., 351. R.) 2 épr.

448. * Campagnard à cheval au galop *sautant un obstacle.* Ce petit croquis porte au bas, à gauche : *A M. de Marcieux;* à droite, le nom de *Charlet.* (C. L., 352. RR.)

La pierre, après avoir fourni six épreuves, a été encadrée et remise à M. de Marcieux. Deux épreuves sur chine.

449. Chacun chez soi!... chacun pour soi!... (C. L., 353.)

450. Le plus précieux et le plus ailé des bizets. (C. L., 354.)

1844

451. Le maître de ceux qui n'en veulent pas, ouvrage à la plume pour dessiner sans apprendre et savoir sans étudier. *Par Char-*

let, professeur à l'École royale polytechnique. Elle devait servir de frontispice pour un ouvrage projeté. Villain, après avoir tiré un petit nombre d'épreuves, a effacé la pièce par suite d'un malentendu. (C. L., 355. RR.)

452. La même pièce. Premier et très-rare état. Au-dessous de l'estampe, Charlet a dessiné une dizaine de griffonnements; deux têtes de vieillard; à gauche et à droite, une autre tête de vieillard, de profil. (C. L., 356. RRR.)

453. * Grande feuille de croquis à l'encre. Cette pièce était destinée à l'ouvrage ci-dessus. Elle contient quinze croquis; en haut, à gauche, une femme coiffée d'un bonnet est assise sur un banc de pierre (c'est le portrait de madame Charlet); au bas, à droite, un vieillard est assis sur une chaise basse. (C. L., 257. RR.)

454. 5 mai! la prière du vieux soldat. Nous possédons trois épreuves, chacune avec un encadrement différent, avec les noms de *Bry* et des éditeurs de Paris et de Londres. (C. L., 358.)

455. * Première idée de la même pièce. (C. L., 359. RRR.)

Il n'y a d'indiqué que le vieux soldat; la tête et le haut du corps sont assez avancés; plus bas, seulement quelques traits de crayon.

456. 15 août! Nobles souvenirs. Cette pièce fait le pendant de la précédente. (C. L., 360.) — Autre épreuve avant la lettre.

GRIFFONNEMENTS, PIÈCES DIVERSES NON TERMINÉES.

1817

457. Grenadier à cheval. (C. L., 361. RRR.) — * Tête de vieux prêtre. Au-dessous, joueur de billard. (C. L., 362. RRR.)

1823

s. n. * Invalide manchot. — * Vieux mendiant. — * Vieux soldat.

Nous n'en possédons que des *fac-simile* sur papier calque.

458. * Petite tête de vieillard riant. (C. L., 366. RRR.)

s. n. *Petite bataille. (C. L., 367. RRR.)—*Femme tournée à droite.

Nous n'en possédons qu'un *fac-simile* sur papier calque.

459. *Jeune femme tournée à gauche. (C. L., 369. RRR.) — Petit
décrotteur à genoux. (C. L., 370.) — Un homme sur une terrasse. Ces deux derniers croquis n'ont pas été tirés à plus de
vingt épreuves. (C. L., 371.)

1824

460. (C. L., 372 à 377.) Croquis à l'encre et à la plume. Au bas,
à droite, un oiseau fantastique, debout sur sa patte droite. —
Études d'arbres. — Cinq têtes en caricatures. — Feuille de croquis au crayon, — Deux pêcheurs à la ligne. — Vieille femme
vue à mi-corps.

461. Petite vignette au crayon. Imprimée en tête d'invitations
aux festins de Balthazar et aux banquets du Gymnase lyrique.
(C. L., 378. RR.)

1825

462. (C. L., 379 à 382.) Grenadier de la Garde impériale, —
Vieillard assis dans un fauteuil. — Turc assis. — Vieillard, sa
casquette à la main.

1826

463. (C. L., 383 à 386.) Savetier tourné à droite. — Savetier
tourné à gauche. — Napoléon au milieu de croquis, — Allu-
meur de réverbères.

1827

464. (C. L., 387 à 391.) Grenadier coiffé d'un bonnet de police.
— Sergent d'infanterie. — Deux carabiniers et un enfant. —
Jeune homme assis dans la campagne. — Tête de vieux paysan.

1828

465. (Cat. L. C., 392 à 397.) La justice féodale. — Gros homme
assis dans un fauteuil. — Porteur d'affiches. Le nom de *Charlet*
au bas. Première épreuve, laissant subsister, à gauche, un croquis de lady Roos, représentant un officier anglais à cheval,
tenant une cravache à la main (en caricature). — Tête de chien.
— Un vieillard et une jeune femme. — Jeune femme assise près
d'un arbre.

> Ces deux derniers croquis, à la plume et à l'encre, étaient destinés,
> s'ils avaient été terminés, à faire partie du recueil *Croquis et pochades
> à l'encre*, 1828.)

1829

466. (Cat. L. C., 398 à 405.) Scène d'intérieur. — Homme assis
devant une table.—Le jeuné soldat et l'Espagnol.—Deux études
de paysage.—Deux croquis sur la même feuille. A gauche, un
homme portant un chapeau à plume ; à droite, une vache les pieds
dans l'eau.—Femme assise dans un jardin—Deux canonniers
à pied de la garde impériale.—L'Empereur et le grenadier.

1831

467. (Cat. L. C., 406 à 413.) Pauvres sortant d'un atelier de travail.—Cinq têtes d'enfants.—Feuille de croquis. Au bas, à
gauche, un vieillard demande l'aumône à une femme qui s'é-
loigne avec un enfant.—Deux enfants derrière une barricade.
—Un cochon et un chien.—Fragment de bataille.—Lanciers en
marche.—Six paysans se reposant dans la campagne.

1832

468. (Cat. L. C., 414 et 415.) Combat de cavalerie.—Deux croquis
sur la même feuille, en t. A gauche, une jeune femme tient
un enfant par la main ; à droite, un vieillard assis.

1834

469. (Cat. L. C., 416 et 417.) Le grenadier de la garde nationale
et un officier.—Une vivandière et des lanciers.

1840

470. (Cat. L. C., 418 à 428.) Vieille femme descendant un escalier.
—Soldat-cuisinier.—Cavalier porte-étendard.—Un homme élé-
gamment vêtu.—Vieux jardinier.—Un enfant et un chien.—
—Deux enfants jouant au soldat.—Billoux dans une balance.
—Billoux dansant sur la corde.—Billoux faisant la parade.—
—Le vert-de-gris.

471. Un homme coiffé d'un bonnet espagnol. (Cat. L. C., 429.
RRR.) On ne connaît qu'une seule épreuve de ce croquis.

472. Veillard, la tête nue. Vu de trois quarts et tourné à droite.
(Cat. L. C., 430, RRR.)

473. Officier de la République, à cheval. Au haut, à gauche, tête

de vieillard. (Cat., L. C., 431, RRR.) — Un jeune soldat, coiffé d'un bonnet de police. (Cat. L. C., 432, RRR.) 2 épr.

474. Un grenadier de la garde impériale. (Cat. L. C., 433.) Ce croquis, à la plume et à l'encre, devait faire partie de la suite intitulée : *Croquis à la manière noire*, etc.

475. Un peintre, grotesquement accoutré. (Cat. L. C., 434, RRR.) Croquis à l'encre, imprimé par Bry.

476. Feuille de croquis, inédite, à l'estompe et au lavis. Au milieu, tête de jeune homme, coiffée d'un chapeau à larges bords; au-dessus, deux têtes de vieillards tournées à droite et à gauche. (Cat. L. C., 435, RRR.) Épr. d'essai avant l'encadrement.

477. Feuille de croquis, à l'encre. A gauche, au bas, un petit garçon et une petite fille ayant un panier sous le bras, se sont arrêtés pour causer. (Cat. L. C., 436, RRR.) Ce croquis était destiné à l'ouvrage : *Le maître de ceux qui n'en veulent pas*, etc.

Pièces faites avec le concours d'autres artistes.

478. Avec Philipon : *Quelles sont vos vues sur ma fille?* (Cat. L. C., 437.)

479. Avec Géricault. *Shipwreck of the Meduse.* (Cat., L. C., 438,R.) (Croquis imprimé à Londres, *Hullmandell's lithography*. Il était distribué au public lors de l'exhibition du tableau de Géricault. Ce croquis est fait presque entièrement par Charlet.

480. (Cat. L. C., 439 à 441.) Étude de chêne. — Étude de platane. —Étude de pins d'Italie.

Charlet a fait seulement les figures sur ces trois études d'arbres, dessinées par Hubert et lithographiées : les deux premières, par Villeneuve; la troisième, par Deroy.

481. (Cat. L. C., 442 à 444.) Avec Vauzelle : les grottes d'Osselles (Franche-Comté). Cette pièce fait partie des *Voyages romantiques dans l'ancienne France;* elle porte le n° 115 dans la section de la Franche-Comté; elle est lithographiée par Vauzelle sur le dessin de Taylor. Quoiqu'on lise au bas, à gauche, *Charlet*, 1829, *sculpsit*, cet artiste n'a dessiné que les figures.—Intérieur d'une baraque de charbonniers francs-comtois. Cette pièce appartient au même ouvrage sous le n° 126. Elle est sortie tout entière du du crayon de Charlet.

482. Première idée de la pièce précédente. Croquis à l'encre et au lavis, non terminé. La partie du milieu de l'estampe est restée en blanc. On n'a tiré que six épreuves de ce croquis. (RRR.)

483. (Cat. L. C., 445 à 448.) N° 1. Combat de la rue Saint-Antoine (28 *juillet* 1830).—N° 2. Le pont d'Arcole (28 *juillet* 1830).—N° 3. Prise du Palais-Royal (29 *juillet* 1830).—N° 4. Le peuple à la caserne des gendarmes (*Faubourg Saint-Martin*).

> Les figures seules appartiennent à Charlet ; tout le reste a été dessiné par Jaime.

Pièces tirées de divers recueils, ou faites dans un but spécial.

484. L'Arabe et son coursier, *par M. Paul.* Cette vignette a été dessinée pour un opuscule de l'écuyer Paul, du Cirque-Olympique, portant ce titre : *Moyen de dompter les chevaux.* (Cat. L. C., 449.)

485. *Grenadier de la garde nationale de Paris. Placée en tête d'un in-18 intitulé : *Fastes de la Garde nationale*, imprimé en novembre 1827, à l'occasion du licenciement de cette garde. (Cat. L. C., 450.)

486. *Napoléon : *Ces b. .....-là,* dit-il, *croient qu'il n'y a plus qu'à nous avaler!*—(Cat. L. C., 451.) Vignette faite pour un volume in-18, imprimé chez Chamerot, en 1828, et intitulé : *Anecdotes sur Napoléon.* 2 épr.

487. Lafont, rôle de Jean (*première et deuxième parties*). (Cat. L. C., 452, RRR. 2 épr.

> Cette pièce, ainsi que la suivante, ont été faites pour orner le recto et le verso d'une couverture en couleur qui recouvre le vaudeville *Jean*, imprimé chez Barba.
> Un petit nombre d'épreuves ont été tirées sur papier blanc ; deux ou trois, seulement, portent en haut, à gauche, un griffonnement à l'encre, et la première idée de la tête de Jean. C'est dans ce premier état seulement que cette pièce est très-rare.

488. Lafont, rôle de Jean (*troisième et quatrième parties*). (Cat. L. C., 453, R.)

489. Première idée de la même pièce. Condamnée par le maître, on n'en a tiré que cinq ou six épreuves. Le corps de Jean, incliné en avant, est vu de profil. (Cat. L. C., 454, RRR.)

490. Piast (1840). *Mortel* (lui disent deux anges), *tu dois régner, Dieu l'ordonne ; obéis!* Cette pièce orne un ouvrage intitulé : *La vieille Pologne.* (Cat. L. C., 455.)

Pièces insérées dans le journal La Silhouette.

491. (Cat. L. C., 456 et 457.) *Assez causé, la fumée de tes discours me fait mal aux yeux!*—L'hôtellerie.

Pièces insérées dans le journal LA CARICATURE.

492. (Cat. L. C., 458 à 461.) N° 8. *C'est lui!*—* C'est lui ! (première idée)! Croquis non terminé. Le Napoléon seul est entièrement fait.—'N° 29. Le fusilier Pacot.—N° 40. *En v'là un que j'ai repêché auprès du palais archiépiscopane.*

Pièces insérées au journal L'ARTISTE.

493. (Cat. L. C., 462 à 472.) 1814.—1810.—Croquis.—Je puis mourir maintenant, j'ai revu mon vieux drapeau.—* Première idée de la même pièce, non terminée, sans aucun nom. Le vieil officier, placé comme ci-dessus, ne porte plus d'éperons à ses bottes.—Grenadier des légions polonaises.—A! B! C!—*Ah! le beau nez, ça saute aux yeux!*—Les enfants de la bonnetière. —Lanciers en campagne—Croquis. Au haut, à gauche, un officier républicain; au-dessous, Napoléon lorgnant.

MÉTHODE TIRPENNE
COURS ÉLÉMENTAIRE ET PROGRESSIF DE DESSIN.

494. (Cat. L. C., 473 à 475.) Pl. 1. Vieillard assis. — Pl. 2. Costume du moyen âge.—Pl. 3. Soldat d'Afrique.

Vignettes pour Romances ou Chansons.

1823

495. Vignette pour la romance sentimentale (paroles d'Aubry, musique de Blanchard) chantée par mademoiselle Flore, dans la pièce des *Cuisinières*, jouée aux Variétés, en 1823.

1828

496. (Cat. L. C., 477 à 488.) *Le petit Vinaigrier*, paroles de Lefebvre, musique de Ropicquet.—Repose-toi, mais ne te rouille pas! Chanson patriotique sur l'air *du Sabre*, composée et chantée par Véron le 18 mai 1827, au banquet des gardes nationaux.—Le tambour-major. Vignette faite pour une chanson; paroles de Lefebvre, musique de Ropicquet.—*J' suis militaire, m' faut un baiser.* Le titre de la chanson est : *Je ne suis plus Jean-Jean, qu'on disait si*

bêté. Paroles de Paul de Kock, musique de Lhuillier.—*Les vieux souvenirs*. Paroles de Paulin Deslandes, musique de Ropicquet. *Foi de cuirassier, j' te serai sincère!* Vignette pour la chanson : *Le départ du Trompette*. Paroles de Jaime, musique de Plantade. Sur chine avant la lettre, épr. d'essai.—*Gente vivandère, épanche à plein verre!* Vignette pour la chanson militaire : *Pa, pa, ta plan, silence!* Paroles d'Alfred Cotreaux, musique de Ropicquet. *Id.* avant la lettre.—Le vieux ménétrier. La chanson est de Béranger pour les paroles, et de Ropicquet pour la musique. *Id.* avant la lettre.—Vignette pour la romance intitulée : *Le Retour du conscrit;* paroles de Blondeau, musique de Ropicquet. *Id.* avant la lettre.—*Danse, petit polichinelle, au son de mon gai tambourin!* Vignette pour une ronde ; paroles de C. Hannong, musique de Ropicquet. Depuis, cette vignette a été employée à illustrer un quadrille, pour le piano, intitulé : *Les Marionnettes*, par Talica Klemczynski. *Id.* avant la lettre.— *Courage, mon p'tit Jean! ma Jannett', courage!* Vignette pour une ronde savoyarde à deux voix; paroles de Paulin Deslandes, musique de Ropicquet. *Id.* avant la lettre.—Vignette pour une chansonnette intitulée : *La bonne Maman;* parole de Bétourné, musique d'Edmond Brugière. Avant la lettre.

497. Vignette pour une romance dont le titre est : *Son navire est parti;* paroles de Bétourné, musique d'Edmond Brugière. Le nom seul de *Charlet* (Cat. L. C., 489, RRR.)

> Cette pièce est très-rare : la pierre ayant cassé dès les premières épreuves, elle a été refaite comme il suit :

498. *Son navire est parti!* La jeune femme est assise sur le rocher; elle tient son mouchoir dans la main gauche. (Cat. E. C., 490.) 2 épr.

1829

499. Vignette pour un boléro intitulé : *Un jour de fête en Espagne;* paroles de Bétourné, musique de Labarre. (Cat. L. C., 491.)

> Deux épreuves, dont l'une avant le nom de l'imprimeur Engelmann.

1830

500. (Cat. L. C., 492 et 493.) Vignette pour la romance : *Le Retour du Montagnard*, paroles de Bétourné, musique d'Amédée de Beauplan.—Vignette faite pour un chant patriotique intitulé : *Le Départ pour la frontière;* paroles et musique d'Alexandre. (R.)

—⁎ Épisode de Juillet. Vignette dont le titre porte : *Chant des Compagnons* ; paroles de Sazerac ; musique de Mlle Armandine Santerre. Ni la romance, ni la vignette n'ont été mises dans le commerce. (Cat. L. C., 494, RR.)

1831

501. (Cat. L. C., 495 et 496.) Vignette pour la chanson : *le Vieux Bailly* ; paroles de Henri Fossier, musique de Ropicquet. — Vignette pour la chanson : *Le soldat Niclou* ; paroles de Jules Moreau, musique de Ropicquet.

502. Les Bandits. Cinq sujets sur la même feuille, pour une scène lyrique, qui n'a pas été éditée. Tirée à petit nombre d'épreuves. Ces sujets portent ces titres : *la Mère ; la jeune Fille ; la Fuite ; le Roi de la Montagne ; la Vengeance.* (Cat. L. C., 497, RR.) — Vignette pour la romance : *la Mère Grand'* ; paroles de Bétourné, musique de Meyerbeer. (Cat. L. C., 498.)

1834

503. *Le vrai moutard de Paris.* Chansonnette comique, paroles et musique de M. Édouard Donvé, etc., etc. (Cat. L. C., 499.)

Épreuve imprimée avant le titre ; on lit au bas, d'une grosse écriture d'écolier : LE MOUTAR DE PARI.

504. Chant funèbre composé à l'occasion de la mort de Juhel père. (Cat. L. C., 500.)

505. (Cat. L. C., 501, RRR.) Après ces deux vers de la chanson : *Fidèle y court, et l'aveugle s'y plonge...,* on lit écrit de la main de Charlet :

Henry Simon croquis plaît
Autant que ton couplet
Plaît,
Mon triomphe serait complet
Si on les accouplait.

506. (Cat. L. C., 502.) Au-dessous d'un gros ivrogne, assis sur un tabouret à la porte d'un cabaret, ces quatre vers :

Hé ! qué qu'ça m'fait à moi
Qu'on m'appelle ivrogne ?
Je suis heureux comme un roi
Quand je m'rougis la trogne.

1841

507. *Un vieux soldat,* romance ; paroles d'Émile Barateau ; musique de F. Masini. (Cat. L. C., 503.)

Épreuve avant la lettre.

RECUEIL DES ALBUMS, FANTAISIES, CROQUIS, ETC.

PARUS PAR SUITES DEPUIS 1822 JUSQU'EN 1846.

[Dans le plus grand nombre de ces recueils, après les premières épreuves d'essai, on tirait une cinquantaine d'épreuves sur papier de Chine, format 1/4 colombier. Les épreuves sur chine pourraient donc être considérées comme un premier état. Et d'ailleurs la couleur du papier de Chine, se rapprochant de celle de la pierre, rend plus exactement le dessin du maître.]

Recueil des Croquis à l'usage des petits enfants, par Charlet (1832). Chez Gihaut. Lithographies de Villain.

Les dessins de ce recueil ont été faits avec un crayon gros et tendre qui paraît avoir trop ou trop peu mordu sur la pierre ; aussi les épreuves sont-elles devenues de bonne heure noires et boueuses.

508. (Cat. L. C., 504 à 514.) `Frontispice.—Les jeunes amateurs. —La bonne petite fille. — Les petits garnements. — *Si le second rang est sage, il aura du nanan.*—La petite armée française. —Croquemitaine repoussé avec perte.—Madame Croquemitaine. (Cette jolie pièce, rare, (il n'en existe que dix épr.), a été copiée par Courtin.)—La dînette.—La petite école du soldat.— *Vainqueurs et vaincus, tout est fricot pour le diable.*

Croquis lithographiques, par Charlet (1823). Paris, chez Gihaut.

On a tiré de ces croquis une cinquantaine d'épreuves de choix, sur format 1/4 colombier.

509. (Cat. L. C., 515 à 533.) *Frontispice. *Quand il n'y en aura plus, il y en aura encore.*—N° 1. *Prendre le temps comme il vient, et la soupe comme elle est.*—N° 2. *Vous êtes deux braves! ça ne finira pas comme ça.*—N° 3. Artillerie légère allant prendre position.—N° 4. *Chut!*—N° 5. *La forme avant la couleur.*—N° 6. *Laissez-m'en donc un, mon ancien.* (Après le tirage des premières épreuves, cette légende a été effacée, et remplacée par celle-ci : *L'enseignement mutuel.*— N° 7. *Rêver d'ours, vous donne quatorze...* (Dans le 2e état, les nombres sont en chiffres.)—N° 8. Le petit malheureux. (Première épr. avec *le petit M'alheureux.*—N° 9. Le braconnier.— N° 10. *Sa pauvre petite femme est bien à plaindre.*—N° 11. *Il veut s'engager grenadier à pied.*—N° 12. *Le guide est à gauche.*—N° 13. *La froid pique.*—N° 13. Première idée de la pièce. Ici le fusil du jeune soldat passe sous ses bras croisés ; les mains dans les manches de sa capote, et il a l'air tout aussi transi, et bat la semelle. (RRR.) — Nº 14. Les croisés en prière. (Sans numéro aux premières épreuves).—Nº 15. *Seriez-vous sensible?*—*Nº 16. Charge de cuirassiers. (Sans numéro aux premières épreuves.)

Croquis lithographiques, par Charlet (1824).

510. (Cat. L. C., 534 à 549.) *Frontispice. C'est la fin du monde!— Le petit crapu est fièrement rageur.—Il méconnaît un ancien camarade! —J'en mangerais dix comme toi!—J'ai vu le Nil et la Bérésina!—Un homme qui boit seul n'est pas digne de vivre!—N'apportez qu'une bouteille d'eau-de-vie pour ma compresse!—Tu as le respiration trop long. —Adieu, bannissez toute sensibilité... importune!—*Discours du légionnaire à ses enfants.—Combat d'infanterie.—*Oh! les gueux!* —Le lendemain du mardi gras.—*Je m'appelle César!*—Krafft et Braunn, ou les Victimes de la séduction. — *Guérillas navarrais.*

Toute cette suite est sur chine.

Cahier de Fantaisies, par Charlet, publié en 1824 chez Frérot, éditeur, etc.

511. (Cat. L. C., 550 à 554.) *Je voudrais avoir mon portrait tout fait, avec deux cœurs enflammés!—Estimé de ses chefs, adoré de ses camarades!—Je mé pas assez méfié de la payse!—Je demande la suppression des porteurs d'eau!—Donnez-moi-zen un, pourvu qu'il soit français!*

Toute cette suite est sur chine.

Fantaisies, par Charlet.

512. (Cat. L. C., 555 à 589.) *L'appétit elle est bonne; c'est les jambes y va mal.—Écris à ma respectable mère que je suis malade à l'hôpital.— Soutiens-moi, Chatillon, je m'évanouis.—Y n' veut pas m' mener chez Desnoyer.—Ma femme est morte (fait historique)!—*Première idée de la pièce précédente. Dans ce croquis, le veuf seul est indiqué. (RRR.)—*Ça vous porte des chapeaux, et ça n'a peut-être pas de chemises! —Fantassin, je n'aime pas ta musique, non plus que ton physique,— Faut soigner les anciens.—Enfoncé!... troupier; mais toujours Français!... et cruellement Français...—Il est vraiment Français.—La politesse est fille de l'honneur; c'est vous dire qu'elle est Française.—Je suis Français, tu es Français, il est Français, nous sommes tous Français.—Vivent les pommes de terre!—Y en a toujours eu, y en aura*

toujours... des cruches!—*Camarade, nous sommes deux paroissiens qui venons de pomper.*—*Pour la tenue et l'amabilité, aux pompiers le pompon.*—*Conscrits!!! vous vous devez un coup de sabre, soyez Français!* — *Ne bois pas un litre, si tu n'as que la monnaie de chopine,* a dit Fénelon.—L'amputé farceur.—*Perdre une quille..., c'est rien! mais la boule c'est tout!!!*—*Je vous présente madame mon épouse.*—La bonne chasse.—Mari honnête.—Les bonnes voisines.—*Il fait l'admiration de la grande Catherine et de la petite Borgnotte.* — *Les hommes font les décorations, et les décorations ne font pas les hommes.*—Les ouvriers français.—*J'ai été riche! j'ai eu des chevaux! j'ai marché sur les malheureux!... et me voilà... philosophe!...*—582 *bis.* (RRR.) Épreuve d'essai avec la légende écrite sur la pierre à la main, et venue à l'envers de l'impression. — *Quitte le galon de la servitude, et reprends la pioche de l'indépendance!*—Première idée de la pièce précédente. Croquis à peu près terminé. Ici, le père est un chiffonnier en casquette.—*Le camarade met de l'eau dans son vin!... Suffit;... assez causé...*—*Le rentier bien pensant, tranquille à 5 0/0, peut devenir un diable à 4.* (La police n'ayant pas voulu autoriser la publication, peu d'épreuves ont été tirées avec cette légende, et toutes sur papier blanc. Sur la masse des épreuves: *Ça va bien!* (R.) — *J'ai perdu ma barbe; si elle n'est pas chez vous, elle est au Gros-Raisin...* (Epreuve d'essai avant l'inscription.) — *Où il y a de la gêne.* (Epreuve d'essai avant la légende.) — Première idée de la précédente. La figure assez terminée pour reconnaître M. de Sommerard, le créateur du musée de Cluny et ami de Charlet.

Toute cette suite est sur chine.

Album lithographique de Charlet (1825).

513. (Cat. L. C., 590 à 609.) *Frontispice. Le diable emporte les albums!*—*Je voudrais tant seulement être le polichinelle!*—*Épicure, Anacréon étaient des pompiers, mais bien avant la Révolution.*—*Votre fils ira loin!*—*Vous n'auriez pas vu mon pauvre chat?*—*Je grogne, c'est mon idée; ça n'empêche pas les sentiments.*—*Voltaire, troupier fini. Ses ennemis sont des infirmes.*—Un jour de bonheur.—Première idée de la pièce précédente. Croquis très-peu avancé. Le jeune soldat de droite est seul assis. (RRR.)—*Monsieur le commissaire, c'est pas moi, c'est eux qu'a commencé par attaquer mon honneur!*—*Le bon mari! C'est un dindon... qu'il apporte.*—Hercule filant aux pieds d'Omphale.—*Pour mettre le beurre dans les haricots (un temps, deux mou-*

vements).—Caporal Pitou, comptez sur moi si l'on se met en patrouille.
Mohamed-Hassan-Chaalabafkaa.—*Voilà encore un duel, plume,*
Jean, plume! (Cette pierre ayant eu du succès et n'ayant fourni
qu'un assez petit nombre d'épreuves, Charlet l'a refaite, en
modifiant ainsi la légende.—*Voilà encore un duel, faut plumer les*
canards!—Le duel.—*Il y a peut-être un ancien artiste parmi eux.*—
La ferme béarnaise.

Toute cette suite est sur chine.

Sujets divers lithographiés par Charlet (1825).

514. (C. L., 610 à 619.) *Si l'bourgeois y est pas, les presses y n'va pas.*
Ce sont les portraits de Bellangé et de Philipon. — *Mademoiselle*
Félicité, je ne puis déployer l'énoncé de mes sentiments. — La femme
féroce. — *J'te donne de quoi que j'ai, quand t'aura qu'eque chose, tu*
m'donneras de quoi que t'aura. — *J'suis tambour, vieille garde, j'me*
rends pas.—La surprise.—Ce croquis, dont on a tiré trois épreuves, est fait seulement dans la partie supérieure. (RRR).—
Bivouac d'infanterie. *C'est la même pierre que ci-dessus ;
Charlet, contre ses habitudes, l'a reprise et terminée.—*Pousse!*
pousse! Cadet!! Les deux premiers points d'exclamation ont été
dans les tirages postérieurs remplacés par deux virgules.
— Première idée de la pièce précédente. Croquis dans lequel
sont indiqués : le Cosaque, jusqu'aux jambes ; l'avant-main
du cheval, ainsi que le haut du paysage.

Album lithographique, par Charlet (1826).

515. (C. L., 620 à 640.) Le pauvre gat (*Frontispice*). N° 1. *Carabi-*
nier, ma défunte me revient.—N° 2. *Charmante Gabrielle, je veux vous*
faire un sort. — N° 3. *Le papillon léger est l'emblème d'un cœur qui*
s'ennuie. — N° 4. *Alli! Alla! alala! la tête!!...* — N° 5. *Il est*
par trop farceur, le sergent. — N° 6. Monsieur Pigeon Solli-
citeur. — N° 7. *Quel est de ce port d'armes de farceur n° 1?* —
N° 8. *Assez causé, on va se rafraîchir d'un coup de sabre.* —N° 9.
L'épicière a encore les yeux rouges. — Première idée de la pièce
précédente. Croquis non terminé. Ce n'est plus une laitière,
mais une marchande de légumes. Son interlocuteur est un savetier placé derrière elle. — N° 10. *Tu es Français, ou tu n'es pas*
Français! si tu n'es pas Français, j't'enfonce.—N° 11. Le Navarrais.
— N° 12. Les trois conspirateurs. — N° 13. L'école chrétienne.

— N° 14. *Ces petites gens du second ça entre, ça sort.* — N° 15. *Sapeur!... c'est fini!... plus de carottes.* — N° 16. Le petit caporal. — N° 17. *Ça fait son sage; ça fait comme si qu'ça étudie; ça espionne tout c'qu'on dit pour aller caponner.* — N° 18. Marche de troupes françaises dans les Pyrénées. — N° 19. La maison du garde-chasse.

Toute cette suite est sur chine.

Croquis lithographiques à l'usage des enfants, par Charlet (1826).

516. (C. L., 641 à 658.) *Frontispice. Je vous ferai un procès-verbal.* — N° 1. *Plus de férules, plus de bonnets d'âne, plus de martinets!* — N° 1. C'est la même pièce que la précédente, sauf quelques changements. Le Frère a disparu; il a été remplacé par un homme qui conduit des ânes. — N° 2. *Ceux à qui on donne, faut pas les éveiller!* — N° 3. *Vous ferez le carnage des Turcs, mais vous ne taperez pas par terre.* — Première idée de la pièce précédente. Croquis à moitié fait. Le général a la figure toute barbouillée par le crayon lithographique, et tient un énorme sabre dans ses mains. — N° 4. *Si tu veux pas être le cheval chacun mon tour, faut pas qu'ten jousse!* — N° 5. Combat à outrance. — N° 6. *Avec sa fraîche de blouse, y ne sait jamais ses leçons.* — N° 7. *Son cousin l'embrasse joliment... notre bonne.* — N° 8. *Monsieur, nous avons un grandissime mal de tête...* — N° 9. *Mettez-vous les petits voleurs en prison chez vous!* — Première idée de la pièce précédente. Croquis peu avancé. Ici, les quatre enfants profitent du moment où le pâtissier a le dos tourné pour dévaliser ses brioches. — N° 10. Le déserteur. — N° 11. Le franc gamin. — N° 12. Monsieur l'officier, *y dit que vous avez une jambe de bois de naissance.* — N° 13. *Frère, faites donc finir l'école mutuelle.* — Première idée de la pièce précédente. Croquis non terminé. Ici, le Frère est assis, tenant sa férule à la main.

Toute cette suite est sur chine.

Album lithographique, par Charlet (1827).

517. (C. L., 659 à 680.) Débit d'albums avec procédés nouveaux (1827.). — Première idée de la pièce précédente. Au lieu du gros bourgeois, c'est un jeune homme qui recule effrayé. — N° 1. *Toi, t'es riche.., mais t'es bête...* — N° 2. *Ceux-là qui se bat... pour la galette, c'est pas celui-là qui la mange...* — N° 3. *Avant la Révolution, un enfant ne se serait jamais permis d'appeler son maître singu-*

lier masculin! — N° 4. *Qui compte sans son hôte... peut se tromper.*—
N° 5. *Dieu vivant... brûler Voltaire!!! quand on a des bûches sous la
main.* Sans numéro aux premières épreuves. — N° 6. *Les charbonniers appellent ces jambes-là des fumerons!...* — N° 7. *C'est pas de
jambes... ça, c'est des fumerons.* — Première idée de la pièce précédente. Croquis peu avancé. A la droite de l'estampe, l'homme
aux fumerons, coiffé d'un chapeau rond, tient sous le bras
gauche un petit chien, et donne l'autre à sa femme. — N° 8.
Les farceurs de ma compagnie disent qu'étant huissier... — N° 9.
Marche des troupes dans le pays basque. — N. 11. *Mon mari les
aime singulièrement!... les lanciers!* — N° 11. *L'ancien est asphyxié.*
— N° 12. *Tu vois* AUSTERLITZ *au moment du tremblement!* —
N° 13. *Si j'étais votre caporal..., voyez-vous, je vous mettrais bien encore en faction!* — N° 14. *Les vieux Français auront bien du mal; mais
ils ne périront pas!* Les premières épreuves portent seules cette
légende; elle a été effacée et remplacée par celle-ci : *Brandt!
un Français est un Français...* — N° 15. (Sans numéro aux premières épreuves.) *Sergent!... conservons nos distances.* — N° 16.
*Frère, y s'a moqué des censeurs, et y lieurs a montré c'que je n'veux
pas dire.* — N° 17. *Voilà mon fourrier (M. Binet, le chandelier du
coin)...* — N° 18. *Comment, vieux troubadour du camp de la Lune!* —
L'embuscade.

Toute cette suite est sur chine.

s. N. *Fac-simile* sur papier calque des n°ˢ 681 et 682 du cat. L. C.

Album lithographique, par Charlet (1828).

518. (Cat. L. C., 683 à 707.) Le public a obtenu justice! les scé-
lérats n'en feront plus... des albums. (Frontispice.)—N° 1. Lancier français repoussant une mauvaise charge.—N° 2. *Dans les
cortéges, tous les ceux brodés qu'est en or...*—N° 3. *Dans Vermandois
infanterie, on avait sa tente!*—N° 4. *Major, c'est la goutte qui vient de
me tomber dans les jambes,* — N° 5. Madame Tartare.— Même idée
que la pièce précédente. Tout à l'heure madame Tartare était
à gauche et coiffée d'un bonnet; ici elle est à droite, coiffée
d'un chapeau.—N° 7. *Quoique fautive, j'aime encore mieux être saoûl
que bête...* — Première idée de la pièce précédente. Ce n'est pas
un curé qui fait des remontrances au garde, mais une jeune
paysanne. — N° 7. *J'suis pris d'là, j'suis poitrinaire...* — N° 8. Le
convalescent. —N° 9. L'aveugle.—N° 10. *Cré couqin, j'les haï-t-i,
les maîtres...* (Cette jolie pièce ayant eu beaucoup de succès, et

la pierre n'ayant fourni qu'un certain nombre d'épreuves, on en a fait faire une copie assez trompeuse par Courtin. On le reconnaît en ce que l'initiale *C.*, qu'on lisait sur la pièce originale, un peu au-dessous du polichinelle, ne se trouve plus ici.) — N° 11. *Si Vénus vend des brioches, c'est le pain d'amonition de l'amour...* — N° 12. *Il est humain!... il est Français!... le petit trompette.* — Première idée de la pièce précédente. Croquis non terminé. Ce n'est plus un trompette, mais un jeune soldat d'infanterie qui est assis au pied de l'arbre.—N° 13. La conversation.—Première idée de la pièce précédente. Peu avancée. C'est un vieux paysan en blouse qui, assis dans une écurie, cause avec un cheval attaché par une longe à la mangeoire.— N° 14. Le bulletin de Navarin.—N° 14. Aux premières épreuves d'essai de la pierre précédente, on a laissé dans la marge du haut une charge de cuirassiers à peine indiquée. (R.)—N° 15. *Diable vous emporte! vous tirez dans les échalas! et vous ne me voyez pas?*—Première idée de la pièce précédente. Croquis à moitié terminé. Ici le chasseur blessé est à droite.—N° 16. *Mon cher, je vais faire comme toi, reprendre le civil.*—N° 17 (sans numéro aux premières épreuves). Route de Saint-Jean-Pied-de-Port.

Toute cette suite est sur chine.

Croquis et Pochades à l'encre, par Charlet (1828).

519. (Cat. L. C., 707 à 725.) *N° 1. Turc assis.—* N° 2. Tête de chien.—* N° 3. Le maître d'école.—* N° 4. Grec contemplant ses richesses.—* N° 5. Petit enfant debout sur un cheval.— * N° 6. Vieux marin fumant.—* N° 7. Vieillard assis. Épreuve d'essai avant le triple tr. c.—* N° 8. Gros aubergiste, une broche à la main.—* N° 9. Tête de chien braque.—* N° 10. Tête de vieille femme.—* N° 11. Turc debout.—N° 12. Pauvre assis dans la rue.—* N° 13. Soldat d'infanterie.—* N° 14. Croquis et griffonnements.—N° 15. Vieillard jouant aux cartes dans un cabaret.—N° 16. Jeune marchande d'œufs.—N° 17. C'est à peu près le même sujet que la planche 8. Dans celle-ci, le soldat de droite, qui tomberait s'il n'était soutenu par un camarade, a tiré son épée et la croise avec la broche de l'aubergiste. — La pièce précédente sans encadrement et sans numéro, mais avec huit ou dix croquis ou griffonnements autour des trois marges du bas et de côté. Ces croquis ont été effacés après le tirage de quelques épreuves.—* N° 18. Turc debout.

Toute cette suite est sur chine.

Album lithographique, par Charlet (1829).

520. (Cat. L. C., 726 à 743.) N° 1. La chasse demande à être bien gouvernée.—N° 2. La promotion.—N° 3. Le dessin.—N° 4. L'arithmétique.—N° 5. *C'est juste, mon capitaine, mais c'est le caraco...* —N° 6. *Je suis prêt.*—N° 7. *O ma Denise, que ne peux-tu voir un époux abreuvé de douleur.*—Première idée de la pièce précédente. Croquis très-avancé. Devant le bourgeois sensible, toujours soulevé par le grenadier, se trouve un hussard qui le reçoit dans ses bras.—N° 8. *Ès-cuirassier z'au 4ᵉ. Austerlick, Iéna, Friedland, Wagram.*—N° 9. La morale.—N° 10. La barricade.—N° 11. *Citoyen, chef de brigade, le kinserlik n'aime la baïonnette non plus que les assignats.*—N° 12. Pauvre honteux.—N° 13. *Qui vive?... Patrouille grise!!*—N° 14. *C't' hardiesse. Ah! monsieur l'callogné, donnez-moi-z'en un petit peu... d'la poudre...*—N° 15. *Le lapin est timide et nourrissant.*—N° 16 (sans numéro aux premières épreuves). *Si la justice était juste, on pendrait tous ces guerdins d'hommes.*—Première idée de la pièce précédente. Croquis peu avancé. La jeune fille est dans les bras de madame Tartare.

Toute cette suite est sur chine.

Album lithographique de Charlet (1830).

521. (Cat. L. C., 744 à 761.) 1. Le père Broussaille. — 2. *J' m' bats pas. Le plus souvent... que j' vas m' faire calotter...*—3. *Oui, qu' j' peux m'en vanter, et qu'encore j' l'ai gagnée à l'école mutuelle!...* — 4. Les deux coqs.— 5. L'hospitalité. —6. *Il y aura de la baisse! Bijotot, mon ami, écoulez vos huiles!...*—7. *Faut du tempéramment!*—8. *Tout ça ne vaut pas mon doux Falaise!...* — 9. *J'aime les enfants!... moi.* — Première idée de la pièce précédente. Croquis peu avancé. Le soldat assis à droite, sur un tertre, dans la campagne, a debout sur ses genoux un enfant que tient encore une jeune femme.—10. Les confrères. —11. Les héritiers.—12. Les Français ne supportent point l'humiliation.—13. *La vie est une garde qu'il faut monter proprement et descendre sans taches!*—14. Le brigadier Petremann. Les deux ou trois premières épreuves de cette pièce portent, à la suite de la légende ci-dessus, ces mots : *Bourquoi c'être gombrand bas ché une jagrin. Bourquoi? Voilà!*—15. La carte des convalescents.—16. Le satané farceur.—17. *Caporal, v'nez reconnaître...*

Toute cette suite est sur chine.

Fantaisies, par Charlet (1831).

522. (Cat. L. C., 762 à 677.) 1. *Rindzinglin, rindzinglin, rindzin-glin*, etc., etc.—2. Le défilé.—3. *Napoléon.—4. L'action.—5. L'artiste.—6. (Sans légende.) Deux croquis sur la même feuille. 1° A gauche, une jeune femme assise sur un banc, dans un jardin, dessine sur un album; 2° à droite, un homme en costume du moyen âge.—7. *Le moulin de Jemmapes.—8. *Marches des troupes.—9. Hutinet, fusilier de la 3ᵉ du 2ᵒ du 43ᵉ. (Sur les toutes premières épreuves, il y a une faute dans la légende, corrigée aux épreuves postérieures; on a écrit : *qu'il avait pris*, au lieu de : *que s'il avait pris*.—10. (Sans légende.) Au pied d'une vieille tour, corps de garde de grenadiers.—11. *L'eau va-z à la rivière...*—12. *Le temps de manger la soupe, et l'on va vous resoigner le cuir.*—13. *Dragon d'élite en vedette. (Cette pierre avait été égarée longtemps, alors qu'on n'en avait tiré qu'un très-petit nombre d'épreuves d'essai. On les reconnaît en ce qu'encadrées d'un seul trait, elles portent le nom seul de *Villain*.—14. *Aurons-nous la guerre?*—15. La révolution fera le tour du monde.—16. *Caporal, hors la garde! c'est un ennemi!...*

Toute cette suite est sur chine.

Fantaisies, par Charlet (1832).

523. (Cat. L. C., 778 à 782.) *C'est toujours les mêmes qui tient l'assiette au beurre.*—2. *Moi, j' le respecte, mais j'm'en sers pas, du culte...* —3. Croquis. Au milieu de la feuille un vieillard, devant une chaise, appuyé sur une béquille.—4. Un ancien des anciens.— 5. *Croquis. Au milieu, trois hommes âgés autour d'une table.

Toute cette suite est sur chine.

Album lithographique, par Charlet (1832).

524. (Cat. L. C., 783 à 794.) 1. Le charbonnier. — 2. *Fortune, voilà de tes coups!*—3. *Où est le fléau de l'armée? Il est dans le maraudeur.* 4. *Voilà peut-être comme nous serons dimanche.*—5. *Sœur Ursule, je sens qu'il faudra bientôt passer l'arme à gauche.*—6. Le misanthrope. —7. *Quand on ne sait point son chemin, on n'se met point z'en route.*— —8. *O amour!!!*—9. Le petit philosophe.—10. *Tonnerre de Dieu! en voilà de c'te noble misère, et pas cher!*—11. *Oui, méchant même, t'es t'un intrigant, c'est c'qui fait qu' t'es c'que t'es!*—12. *Tu as le droit de faire ta corvée, un ministre n'a pas même le droit de t'en empépécher.*

Toute cette suite est sur chine.

Fantaisies, par Charlet (1832).

525. (Cat. L. C., 795 à 798.) 1. La copie est originale. — 2. *Napoléon disait!.... Un instant, les voisins!....*—3. *Vous feriez un joli tambour-major, si vous n'étiez pas greffé sur du martin sèche.*—4. *Vois-tu, Méret, voilà l'histoire.*

Toute cette suite est sur chine.

Souvenirs de l'armée du Nord, par Charlet (1833).

526. (C. L., 799 à 819.) 1. Petit poste avancé. —2. La reconnaissance. — 3. Marche de cavalerie légère. — 4. La bagarre. — 5. Sentinelle hollandaise. (*Intérieur de la citadelle.*) — 6. Poste hollandais. *La capitulation de la citadelle vient d'être signée.* — 7. Le matin. — 8. Les travailleurs vont à la tranchée. — 9. Officier hollandais. *Infanterie, garnison de la citadelle d'Anvers.* — 10. Poste dans la citadelle d'Anvers (*après la capitulation*). — 11. Bivouac de la Pipe-de-Tabac. (*Division Tiburce Sébastiani.*) — 12. Tireurs de la compagnie infernale.—12. Une lecture de Mathieu Lansberg. — 14. Campement. — 15. Le fort Saint-Laurent enlevé par les grenadiers du 65ᵉ (*nuit du 13 au 14 décembre 1832; quatre heures du matin.* On a tiré de cette belle pièce quelques épreuves sur demi-colombier.—16. Convoi d'artillerie. —17. Le billet de logement. — 17. C'est la même pièce. Sur la marge de gauche on a laissé un Napoléon, au galop sur un cheval blanc; petit croquis effacé après le tirage de quelques premières épreuves. — 18. *Quand on a passé la nuit avec ces paroissiens-là, on peut coucher avec le premier venu.* — 19. *Un sergent de voltigeurs disait à un Belge: « Vous avez fait une révolution pour les frais du culte, alors...* — 20. *Pauvre peuple!*

Album lithographique, par Charlet (834).

527. (C. L., 820 à 839.) *Frontispice. Épreuve d'essai avec le croquis seul. — 1. *Sentinelle, prenez garde à vous!* — 2. *Un morceau de pain sur la terre vaut mieux qu'une brioche dans le ciel.*—3. *De quoi?... travailler... bon pour des feignans.*—4. Napoléon.—5. On se masse. L'ancien est là... Le père l'enfonceur.—6. Une histoire de tranchée. — 7. La soupe. — 8. *Que faites-vous donc, l'abbé? Sire, je fais comme vous, je brûle les denrées coloniales.* — 9. *Voilà, j'vous introge... taise vous.*—10. On va se former en bataille par escadron dans la plaine voisine. — 11. *C'est eux qui m'a provoqué, y mon*

dit : *raboite donc les aristocrates.*—12. Vaguemestre Soiffmann. — 13. Les extrêmes se touchent. — 14. *Chauffé, éclairé par son gouvernement, c'est une grande douceur.* — Première idée de la pièce précédente. Croquis assez avancé. Le lancier, son cheval et le chien, un peu plus gros que tout à l'heure, sont tournés vers la gauche. — 15. *Faudrait un crâne maître d'armes pour crever un œil à mon bouillon.* — 16. Commencement de déclaration. — 17. *J'aurais bien pu fricoter dans la partie religieuse.* — 18. *Nous sommes tous frères.*

Alphabet moral et philosophique à l'usage des grands et des petits enfants, par Charlet (1835).

528. (C. L., 840 à 867.) * Frontispice. (Sans encadrement, tiré à part pour les suites sur papier de Chine, imprimé sur la couverture, au-dessous du titre, pour les autres.) Un enfant en blouse, coiffé d'un bonnet de police, et vu de dos, bat la caisse près d'un écriteau, sur lequel on lit : *Avis aux amateurs, Gihaut a l'honneur de prévenir le...* — 1. A. Avare. — 2. B. Bivouac. — 3. C. Croquemitaine. — Première idée de la pièce précédente. Ici Croquemitaine a deux enfants dans sa hotte, et tient un petit garçon sous chaque bras.—4. D. Déménagement.—5. E. École. —6. F. France. — 7. G. Grognard. — 8. H. Hospitalité. — 9. I. Indigence. — Première idée de la pièce précédente. Croquis avancé. Ici, le pauvre est assis à la droite de l'estampe. — 10. J. Janvier (Ier). — 11. K. Kalmouck.—12. L. Leçon de peinture. — 13. M. Misères de la guerre (1812). — 14. N. Napoléon. — 15. O. Ouragan. — 16. P. Piété filiale. — 17. Q. Querelle. — 18. R. Regrets. — 19. S. Souvenirs. — 20. T. Tirailleurs. — 21. U. Uniforme. — 22. V. Vivandière. — 23. X. X représente l'inconnu. — 24. Y. Yvetot. — 25. Z. Zouaves.

Album lithographique, par Charlet (1836).

529. (C. L., 868 à 883.) 1. *Qu'une garde (qui a un tour de d'chez le coiffeur) est heureuse !* — 2. *Voilà de la crâne politique. Je vois par les papiers que le Roi abolit les factions qui fatiguent la France!...* — 5. *Sans blague et sans tabac, pas de soldat (César).*—4. *Cré coquin, quelle émeute !!* — 5. Le campement. *La soupe se fait, le fourniment se blanchit.* — 6. *Hommes qui cherchez la paix du cœur... péchez donc à*

la ligne!... —7. L'arrière-garde.—8. Le traînard.—9. *Bourgeois, je connais tous vos bons sentiments!* — 10. *Encore bien que je vous connais, mais nous sont pays!* — 11. Encore un duel. — 12. *Dieu! mes ennemis politiques! en avant les guibolles!* — 14. Le voilà! — 14. *Dites donc, l'ancienne, vous vous trompez! c'est pas lui.*—15. *Que Paris est triste sans émeutes!* — 16. *Kraoutzer, quel est donc de ceci, mon brave?*

Album, par Charlet (1837).

530. (C. L., 884 à 899.) *Frontispice. Tiré à part seulement pour les suites sur papier de Chine. *Des croquis de toutes façons, des courts et des longs, achetez-en donc; ils sont très-bons.*—1. *Le sergent Belle-pointe fait danser Catin.* —2. Les anciens du camp de la Lune.— 3. Un système. *Ces infâmes brigands sont peut-être vertueux?* Dans les deux ou trois premiers épreuves de cette pièce, on a écrit *snot* au lieu de *sont.* — 5. *Quand vous voudrez faire l'école buisson-nière, que vos derrières soient bien gardés.* — 6. *C'est faux.* — 7. *Qui fête et honore ses maîtres,* dit-il, *arrive au talent.* Sur les toutes pre-mières épreuves, on a laissé au bas, dans la marge de gauche, le croquis d'un chien, effacé aux épreuves postérieures. — 8. *A bien dire, ce qu'il y a de meilleur dans l'homme, c'est le chien!...* — 9. *Maladroit!...* — 10. *Je crois que je me sens de la religion!* — 11. *Écoute Jean, il faut toujours préférer le pain noir de la nation au gâteau de l'étranger!* — 12. Le convoi. — 13. Frédéric le Grand. — 14. 1750. *L'Empereur Napoléon le Grand m'a dit à moi, en Moravie : Sol-dats, je suis content de vous!*

Croquis, par Charlet (1837).

On lit ce titre sur un grand tableau placé sur un chevalet. Devant ce tableau, un enfant, en costume du moyen âge, est assis dans un grand fau-teuil, tenant dans ses mains une palette et des pinceaux.

531. (C. L., 901 à 912.) N° 1. Convoi de blessés. — N° 2. Le con-voi. — N° 3. La force armée. — N° 4. Les bords de l'Escaut. — N° 5. Le Guérillas Navarrais. — N° 6. La leçon du grand-papa. — N° 7. Le héros de la Manche. — N° 8. Le vieux Pâtre.—N° 9. La boule. — N° 10. La vieille école flamande. — N° 11. Vive la joie!... — N° 12. Les vieux farceurs.

VIE CIVILE, MILITAIRE ET POLITIQUE DU CAPORAL VALENTIN

MISE AU JOUR PAR SON AMI CHARLET.

Album composé de cinquante planches.

532. (Cat. L. C., 913 à 965.) Titre et trophée imprimé sans les titres sur papier de Chine à petit nombre d'épreuves.—1. *Oh! oh! le drôle de petit lapin! s'écria le père Fraumont...* — 2. *Ah! ah! voici qui explique l'affaire : ce pauvre enfant se nomme Valentin...* — 3. *Pater noster...* — 4. Valentin fait l'aumône. — 5. Valentin présenté au curé. — 6. Il perd son respectable bienfaiteur. — 7. Il est valet de pied chez la baronne de la Bretonnière.—8. *Je deviens sèche comme un hareng, se disait Valentin.*—9. Valentin chez le bon riche.—10. *Vous lui avez marché sur la patte!.. Cet homme à principes ne tutoyait jamais son domestique.*— 11. *Valentin préfère la survivance du caniche d'un aveugle à la triste condition de serviteur du philosophe.*—12. *Valentin, industriel pittoresque et dramatique.*—13. *O adversité! c'est au moment où tu parais nous accabler que tu te plais à nous lancer sur la route du bonheur...*—14. *Vénérable Sœur!... quel est ce !pauvre jeune homme?* — 15. *Papa, maman... papa, maman... Arrondis-moi z'un peu ce ponict avec grâce.* — 16. *Azor!... ah! c'est bien mon vieux père!* — 17. *Tu seras mon légataire universel...* — 18. *Le père Fraumont s'était attendri, et la larme d'adieu avait produit cinquante francs.*—19. Il résiste à la carotte péruvienne. — 20. *Sapeur, parez tierce et payez carte.* — 21. *Le sapeur a payé... mais il n'a pas paré.*— 22. *29 juillet 1830.—Il était à la Bérésina, s'écria Valentin.*—23. *29 juillet 1830. Il a volé, s'écria le vieux Grondard.*—24. *Volons à la frontière!...*—25. Valentin rejoint le 25e de ligne, à Cambrai.— 26. Valentin vient d'être fait caporal.—27. On arrose les galons, sous prétexte que la côtelette demande à boire.—28. Départ de Valentin pour le siége d'Anvers.—29. Le billet de logement. — 30. Ah! mon Dieu!!... — 31. C'est son père!!! — 32. *Allons! au revoir!... Adieu!... allons!... vous êtes mon père...* —33. Valentin veut se suicider l'arme au bras. — 34. Morale du sergent Maneille. — 35. *Valentin au camp de Wilrich, où le sergent Maneille offre à l'auteur (Charlet) le bouillon de l'hospitalité en dissertant sur le mérite des femmes.*—36. Valentin se couvre de gloire.—37. Valentin ramène ses prisonniers.—38. Valentin à l'hôpital Saint-Laurent.—39. Le vieux père Fraumont reçoit

une lettre de Valentin.—40. Valentin décoré par le maréchal Gérard.—41. Valentin hérite de son père.—42. Valentin revoit son père adoptif.—43. Valentin bon paroissien.— 44. Valentin dans l'opulence se souvient de ceux qui l'ont connu dans la misère.—45. *Valentin à 'la réunion électorale prend la parole.*—46. Valentin se bat en duel et tue l'Anglais Mannekin-Low.—47. Valentin misanthrope et repentant.—48. La demande en mariage.—49. Le mariage.—50. Valentin, père et maire de sa sa commune.—(Sans numéro.) Valentin devenu puissant.—Première idée de la pièce *Valentin se couvre de gloire.* Valentin, à gauche, a derrière lui plusieurs soldats français, à droite, au premier plan, les deux Hollandais; le deuxième, indiqué seulement jusqu'à la ceinture, a les mains jointes. (RRR.)

Toute cette suite est sur chine.

CROQUIS A LA MANIÈRE NOIRE

SUJETS PHILOSOPHIQUES, POPULAIRES, MORAUX, POLITIQUES, CRITIQUES, CIVILS, RELIGIEUX ET MILITAIRES.

Dédiés à Béranger par Charlet

533. (Cat. L. C., 966 à 978.) 1840. Paris, chez *Gihaut frères*; *lithographie de Villain.*— N° 1. Classe moyenne. (Fil et coton). Classe forte. (Fer et acier.)—N° 2. *L'armée! c'est le peuple!*...—N° 3. *J'risti d'voir tous ces fricoteurs-là faire les Latremouille et les Montmorency.* N° 4. *Si les chevaux s'entendaient, quelle révolution!!*—N° 5. Un infâme.—N° 6. *Faites-leur chanter la Colonne, à mes enfants! c'est le cantique des cantiques!*...—N° 7. *Homme du désert, quoi! tu repousses la civilisation!*...—N° 8. Un Mécène (1840).—N° 9. *L'amour du peuple! c'est le fort le plus fort de tous les forts!*—N° 10. *Fourberie et lâcheté sont deux herbes qui ne prendront jamais en France.*— —N° 11. *Si j'avais signé les traités de 1815, je me couperais le poing!*.. —N° 12. L'avis du maître.

534. La Marseillaise. Au milieu de l'estampe, un soldat d'infanterie, monté sur les épaules d'un ouvrier, arrache une affiche portant ces mots : *Traités de 1815.* (Cat. L. C., 979, RR.)

Épreuve avant le titre.—Cette pièce a été empêchée par la censure.

535. *Tremblez, ennemis de la France!* Un ouvrier portant son arme en sous-officier, donne la main à un soldat d'infanterie; sous

leurs pieds, une affiche lacérée laisse apercevoir le chiffre 1815.
(Cat. L. C., 980, RR.)

> La censure n'a autorisé cette pièce qu'avec ces changements :
> 1° Au lieu de : *Tremblez, ennemis de la France,* on a substitué ces mots:
> *Aux armes, citoyens, formez vos bataillons;*
> 2° On a effacé le chiffre 1815 sur l'affiche lacérée.

536. *Je crains la salle de police et je parle sous la figure de l'emblème.
Une supposition... vous me crachez à la figure... ; bien!... je dis : c'est
du brouillard!... vous m'envoyez une châtaigne (calotte); très-bien...
attendons... vous nourrissez le feu par un coup de botte dans le cul!...
oh, alors... je vous tiens... et je vais dire à la chambrée : LES FAITS
SONT ACCOMPLIS!!!* (Cat. L. C., 984, RR.)

> Le ministre avait clos la discussion à la Chambre des députés en
> disant : « Les faits sont accomplis. »
> Cette pièce n'a été autorisée qu'avec ce changement dans la légende:
> après les mots *botte dans le cul,* on a mis : *ah! je vous tiens, et je dis : voilà
> des faits accomplis.*

537. *Aristocratie pour aristocratie, je préfère celle des titres ; elle est po-
lie et généreuse. L'aristocratie d'argent est avare et infiniment peu po-
lie!...* (Cat. L. C., 982, RR.)

> La censure n'a permis d'imprimer cette pièce qu'après la suppression
> de la légende, remplacée par ces seuls mots : LA VIEILLE ARISTOCRATIE.
> *Elle était polie et généreuse.*

538. *T'as beau regimber! la réforme t'atteindra! et de la réforme à
l'abattoir, il n'y a pas loin!* (Cat. L. C., 983, RR.)

> *Et vanitas vanitates mundo.*
> *Finis cornac opuce.*
> Cette pièce fut empêchée par la censure.

539. *Quel cent diable est-ce que ça peut don kêtre, l'ancien?...—C'est un
système qui parle, qui parle, qui parle, qui parle, qui parle... système
d'avocats!...—Ah, oui, comme il a dit, l'Empereur... officiellement!...
tout ce qu'il y a de pis!...* (Cat. L. C., RR.)

> La légende de cette pièce, condamnée par la censure, a été rem-
> placée par celle-ci : *Les paroles sont des femelles ! les boulets c'est des mâles.*

540. *Quant j'aurai fait mes vuit ans, je tâcherai d'entrer dans le corps
des Doctrinaires. C'est un corps savant où l'on exige la profondeur d'esprit du puits de Bicêtre, et l'élévation de pensée de l'obélisque!... ce
corps puise sa force dans sa faiblesse... il se forme de quatre files sur
deux rangs, caporal compris... la paye est forte et les vivres saines et
abondantes.* (Cat. L. C., 985, RR.)

> Ces paroles, condamnées par la censure, ont été remplacées par
> celles-ci : *Gras nous vivrons; père et mère honorerons; heureux nous serons.*

Croquis à l'estompe et au lavis.

Ces croquis, dessinées en 1845, n'ont été édités qu'après la mort de Charlet. Toutes les pièces ont été entourées de trois traits octogones en or.

541. (C. L., 986 à 998.) 1. Étude à l'estompe exécutée sur pierre par Charlet. Six têtes, parmi lesquelles les deux têtes des fils de Charlet, vues de profil. — 1. Estompe sur pierre par Charlet. Tête de vieillard, le front chauve. Épreuve d'essai avant toute lettre. — 2. Tête de vieillard, le front garni de cheveux. — 3. Étude à l'estompe exécutée sur pierre par Charlet. Tête d'enfant de profil. Une petite croix est attachée au cou par un ruban. — 4. Portrait de l'adjoint du maire de Viroflay.—5. Tête d'enfant, le col de la chemise retombe sur le cou.—6. Tête de jeune femme, la bouche entr'ouverte, les yeux presque fermés. — 7. Deux enfants jouent avec un chien.—8. Tête de vieillard riant. Sa bouche entr'ouverte laisse voir trois dents. — 9. Tête de jeune homme. Ses cheveux retombent en boucles sur son visage. —10. Un vieux mendiant, appuyé sur deux béquilles. 2ᵉ épreuve d'essai avec les touches de lavis dans l'angle supérieur gauche. — 11. Comme la précédente, cette étude est au lavis. Un vieillard, coiffé d'un béret et assis sur une chaise basse.—2ᵉ épreuve avec les touches de lavis dans l'angle supérieur gauche. — 12. Pièce dessinée au crayon lithographique et à l'estompe. Trois petits enfants sont montés sur un cheval blanc au milieu de la campagne.

Cette dernière pièce n'est point encadrée comme les autres; elle est entourée d'un seul trait carré.

542. Première idée de la pièce précédente. Elle est exécutée au lavis. Le cheval blanc est beaucoup plus petit. Le plus grand des enfants porte un chapeau rond à larges bords. Cette étude, tirée à très-petit nombre, est sans encadrement. (C. F., 999. RRR.)

SUITE DE DESSINS A LA PLUME.

A l'usage des Écoles spéciales des Ponts et Chaussées de Metz, d'État-major, Polytechnique, Militaires et autres, par Charlet, professeur de dessin à l'école royale Polytechnique, officier de la Légion d'honneur, 1839.

543. Au-dessous de ce titre entouré de feuillages, trois petits tambours sont assis à terre. (C. L., 1000.)

La causerie artistique intitulée : LA PLUME, qui sert d'introduction à cet ouvrage, remplit trois pages à deux colonnes, format demi-grand-jésus.

544. (C. L., 1001 à 1056.) 1. A gauche, le commencement du tronc d'un gros arbre d'où sort une branche à droite. — 2. Arbres peu indiqués.—3. Au-dessus de roches, à droite, une touffe de branches d'arbres. — 4. A côté de bouquets d'arbres, une petite barrière. — 5. Des rochers d'où sortent quelques branches d'arbres. — 6. Une barrière en bois brisée. — 7. Au haut, un poteau sur un mamelon. — 8. Au milieu, une grosse roche. — 9. A gauche, deux gros troncs d'arbres, devant eux une roche. — 10. A droite, un petit bouquet d'arbres. — 11. Un sapeur du génie, la hache sur l'épaule droite. — 12. A gauche, sur un terrain en pente, un canonnier conduit son cheval par la bride. — 13. Un Espagnol est assis, tenant un chapelet à la main.—14. A la gauche d'une grosse roche, on voit seulement les jambes d'un homme couché à terre. — 15. A gauche, un homme à terre ramasse une hache.—16. A gauche, un homme à cheval (costume Louis XIII).—17. Un vieux soldat, vêtu d'une capote et coiffé d'un képi, est assis. —18. Vieux militaire. Couvert d'un manteau, tient un bâton à la main.— 19. Artilleur à cheval. — 20. Vieux paysan marchant, son manteau au bout d'un bâton. — 21. Un sapeur du génie assis sur une roche. — 22. — Même sujet que ci-dessus. Ici le sapeur, tourné à droite, et nu-tête, a les jambes croisées.—23. Henri IV (costume sous). — 24. Louis XIII. Arquebusier. — 25. Louis XIV. Militaire. — 26. Régence. Soldat portant sur son épaule droite un fusil armé de sa baïonnette. — 27. Régence. Fantassin vu de face.—Première idée de la pièce précédente. Croquis non terminé, et ne portant que le nom de *Charlet*. Le fusil, porté sur l'épaule droite, n'est dessiné que jusqu'à la batterie.(R.)—28. Louis XV, Fusilier portant son arme en sous-officier. — 29. Louis XVI. Fantassin vu de profil. — 30. République. Fantassin d'Égypte. — Première idée de la pièce précédente. Dessin à peu près terminé. Le fantassin, vu de profil, est tourné à droite; les bras croisés, il s'appuie contre une roche. — 31. La République. Officier. — 32. Napoléon. Grenadier de la Garde impériale. — 33. Louis XVIII et Charles X. Grenadier de la Garde royale. — 34. Louis-Philippe. Sergent d'infanterie. — 35. Paysage. Fond de montagnes. — 36. Paysage avec un vaste horizon. — Deux cavaliers couverts de leurs manteaux.—37. Paysage. A droite, sur un tertre, un militaire, la pipe à la bouche, les mains derrière le dos. — 38. Paysage. A droite, un fragment de rocher;

derrière, un vieux chêne.—39. Un gros marronnier abattu remplit presque toute l'estampe.—40. Grenadier de la Garde impériale, au milieu d'un paysage. Épreuve d'essai avant le numéro et l'adresse A. Gihaut. — Première idée de la pièce précédente. — 41. Au milieu d'un paysage, un guérillas, un poignard à la main. — Première idée de la pièce précédente. Le guérillas, beaucoup plus grand que celui qui précède, est vu de trois quarts, tourné à droite. (R.)—42. Paysage. A gauche, sur un tertre, deux élèves de l'École polytechnique. —43. Paysage. Un jeune soldat est étendu et dort au pied d'un grand arbre. —44. A droite, deux grands arbres. A gauche, au second plan, deux sapeurs du génie. — 45. Au milieu, deux grands arbres. — Un jeune soldat, en bonnet de police, est assis au pied de l'un d'eux. — 46. A gauche, un grand arbre; une barrière en bois. —47. Paysage. A gauche, sur un mamelon, un bouquet d'arbres, du même côté, un cavalier, conduisant son cheval par la bride. — 48. Fantassin assis sur un petit mamelon, derrière le tronc d'un vieil arbre. — 49. Jeune soldat, en bonnet de police assis près d'un gros arbre.—50. Un gros arbre qui se bifurque au haut du tronc. Un soldat est couché par terre, son chien à sa droite. — 51. Deux études de paysages en t. sur la même feuille, l'une au-dessous de l'autre. Le paysage du haut représente un pays marécageux au milieu duquel coule une rivière. Dans le second paysage, un cavalier en vedette. — 52. Paysage très-accidenté. Dans le fond, de hautes montagnes; à leur pied, une rivière. — La même pièce, mais avant d'avoir été recouverte d'autres travaux. On n'y voit aucune trace du ciel indiqué par des traits dans l'estampe terminée. (RRR.)

Quatre croquis condamnés par le maître, qui n'ont été tirés qu'à petit nombre d'épreuves.

545. (C. L., 1060 à 1058.) *Croquis* peu avancé. A gauche, un arbre sans feuilles. — *Paysage*. Un guérillas est assis, tenant une espingole dans les deux mains. — *Homme assis*. Sa figure et sa capote indiquent un ancien soldat. — *Officier de la République*. Il est à cheval, coiffé d'un chapeau à plumes et tenant dans la main droite un drapeau.

Quatre grandes pièces en travers.

On n'a point imprimé d'épreuves sur chine. Les pièces suivantes, faites pour l'École polytechnique seulement, n'ont point été mises dans le commerce, et ont été tirées à petit nombre (cinquante épreuves environ).

546. (C. L., 1061 à 1064. RR.) Dans le fond, à droite, des arbres

élevés; devant eux, au premier plan, des saules. — Paysage avec un vaste horizon. A gauche, un grand arbre s'élève près d'une barrière en bois. Presque de face, un grenadier à cheval. (RR.)—Sur le premier plan, à gauche, un officier dessine; il est assis sur un tertre. (RR.)—A droite, un bouquet de quatre grands arbres; derrière, les ruines d'un édifice s'étendent jusqu'au milieu de l'estampe. (RR.)

Neuf grandes pièces.—Études d'arbres, de rochers, de vignes, etc.

547. (Cat. L. C., 1065 à 1073) Chêne. (RR.) — Étude de ceps de vigne. (RR.)—Sapins. (RR.)—Orme. (RR.)—*Orme. (RR.)—*Saules. (RR.)—* Fragments de rochers. (RR.)—* Peupliers. (RR.)— * Jeune chêne (RR.)

Toute cette suite est sur chine.

Deux grandes pièces en hauteur.

Destinées d'abord à faire partie de la suite précédente, elles ont été condamnées par le maître, et n'ont été tirées qu'à un très-petit nombre d'épreuves d'essai. Elles sont sur papier de Chine.

548. (Cat. L. C., 1074 et 1075.) *Chêne. (RR.)—* Sapins. (RRR.)

Études de chevaux montés par leurs cavaliers.

Trois grandes pièces en hauteur, imprimées sur papier de Chine.

549. (Cat. L. C., 1076 à 1078.) *Espagnol montant un cheval navarrais. (RR.)—*Nègre montant un cheval à poil. (RRR.)— *Chef arabe sur un cheval richement harnaché. (RR.)

Quatre pièces lithographiques imprimées à quelques épreuves seulement, ces compositions ayant été condamnées par le maître. Elles étaient destinées à l'enseignement de l'École.

550. (Cat. L. C., 1079 à 1082.) Paysage au lavis. Trois arbres ; à gauche, un chasseur en vedette tient son mousqueton dans la main. (RRR.)—Étude. A gauche, des rochers s'élèvent jusqu'au haut de l'estampe. (RRR.)—Étude. Une grosse roche s'élève de droite à gauche; elle est surmontée de branches d'arbres; à ses pieds, des herbes et des plantes. (RRR.)—Paysage. A droite, une roche sur laquelle on lit : *Charlet*, 1840; à gauche, sur un tertre, deux arbres. (RRR.)

Croquis à l'encre, imprimés par Bry.

Ces croquis, destinés d'abord à être convertis en aquarelles, sépias, etc., ont été imprimés à très-petit nombre d'épreuves.

551. * Étude de troncs d'arbres. (Cat. L. C., 1083, RR.)

552. *La même pièce*, avec plus de travaux et légèrement teinté (Cat. L. C., 1084, BR.)

553. *Étude de troncs d'arbres. Même composition que celle de la pièce précédente. Le bouquet d'arbres de gauche s'élève beaucoup moins haut. (Cat. L. C., 1085, RR.)

554. *Croquis au trait, en hauteur. A droite, une très-grosse roche. Sur sa partie gauche, on voit ramper une branche d'arbre, sans feuilles. (Cat. L. C., 1086, RR.)

555. *Paysage au trait, en travers. A droite, une maison; au premier plan, un cavalier monté et vu de dos. (Cat. L. C., 1077, RR.)

556. *Autre paysage; en travers. Dans le fond, à l'horizon, de hautes montagnes à peine indiquées. A gauche, un pont en pierre avec cinq arches. (Cat. L. C., 1088, RR.)

557. *La même pièce, avec ces différences : elle est imprimée en rouge et encadrée; l'homme assis à l'entrée du pont n'a plus son chapeau sur la tête, il l'a placé sur ses genoux.

EAUX-FORTES (1828)

558. N° 1. Vieillard assis appuyé sur un tronc d'arbre.—N° 2. Un vieillard, la figure riante, tient un cheval par son licol et le conduit vers un abreuvoir.—N° 3. Le même sujet que le précédent. Ici le vieillard qui conduit le cheval a un bonnet de police.— N°ˢ 4 et 5. Deux sujets sur la même feuille : 1° Encore le même sujet que celui des n°ˢ 2 et 3. L'homme qui tient son cheval est coiffé d'un chapeau rond et vu par le dos; 2° Homme assis sur un banc de pierre.—N° 6. Un vieux pauvre est assis sur une chaise devant une table; un vieillard lui offre à boire.—N° 7. Invalide en faction appuyé sur une pique qu'il tient des deux mains. (2ᵉ épr., l'une avec la morsure d'aquatinte très-faible.) —N° 8. Vieux garde-chasse marchant vers la droite, le fusil sous le bras.—N° 9. Plusieurs personnages autour d'une barrique sur lequel est un pot.—N° 10. Feuille de croquis en largeur. A gauche, deux enfants se dirigent vers une école de dessin; à droite, Napoléon, et à côté Louis XVIII vu par le dos. —N° 11. Feuille de croquis et de griffonnements en travers. Un

vieillard assis sur un banc, dans la campagne.—N° 12. Autre feuille de croquis en travers. A gauche, un enfant assis au pied d'un grand arbre.—N° 13. Griffonnements en travers. Au haut, Louis XVIII vu par le dos. (Les deux pièces qui suivent ont été faites plusieurs années après celles que nous venons de désigner.)—N° 14. Petit paysage en travers. Entre deux grands arbres, une vieille femme de face, précédée d'un chien.—N° 15. Étude de la partie supérieure d'un orme.

Pièces au vernis mou.

559. Frontispice. Sur un portefeuille, on lit : *Tout état deux iars, voilliez maicieux zédam.* Au-dessus, sur le mur : *Recueil de vingt-quatre pièces gravées à l'eau-forte par Charlet.* Au-dessous : *Publié par Blaisot*, etc., etc.—Portrait de Charlet.—Position du soldat sans le sou.—*J' suis innocent! mon doux juge!*—Les marguilliers de Saint-Bonaventure.—Le retour à la ferme.—*A la chian-li-li.* Les aspirants à l'école militaire.—La déroute.—Le repos.—La bonne philosophie.—Les bords de l'Escaut.—Grenadier de la redoutable 32ᵉ demi-brigade.—Officier de l'état-major de l'armée de Sambre-et-Meuse.—Les ennemis politiques.—*Voist-tu, Chicard domine son époque!*—Soldat suisse.—Le comte de Las Blaguerasse.—Une reconnaissance.—Croquis : huit têtes de vieillards.—Neuf croquis de Nappléon à pied et à cheval.—La sentinelle avancée.—Le voyageur égaré.—*Si polichinelle s'amuse avec le diable, la farce ne durera pas longtemps.*

> Nous avons réuni sous un seul n° les premiers états de toutes ces planches au vernis mou.

560. Croquis au vernis mou publié dans l'*Artiste*. Au milieu, un vieux paysan assis sur une pierre.

561. Griffonnements sur une planche de cuivre. Au milieu, un officier républicain les bras croisés. (RRR.)

Tissierographie (1843).

562. Deux essais pour ce procédé qui consistait à obtenir le cliché d'un dessin sur bois sans le secours du graveur.

D'après CHARLET.

563. Croquis inédits de Charlet, reproduits d'après l'album de

M. le général de Rigny par Isidore Meyer. Paris, 1848.—24 pl. sur chine.

564. Recueil de 13 dessins fac-simile (par Isidore Meyer). A Paris, chez Moyon.—13 pièces.

565. Fac-simile d'après des dessins de Charlet contenus dans un album de Géricault, par A. Déveria.—8 pl.

566. Extraits de l'*Artiste*, du *Musée de l'Amateur*, etc. —5 pl.

567. *Chanson de Béranger*. — Edition in-8, Perrotin. — *Chanson de Béranger*.—Edition grand in-8, Perrotin, 1847. Ens. 16 p.

568. Onze pièces diverses par Reynolds, L. Prévost, etc.

569. *Malheureux! vous ne savez donc pas mourir!* par M. Eug. Le Roux.

> Ce *fac-simile* d'une des pièces les plus belles et les plus rares de l'œuvre de Charlet est d'une fidélité remarquable; il n'a été tiré qu'à quelques épreuves et n'est pas dans le commerce.

570. Par divers.—12 pl.

COGNIET (Léon),

Élève de Guérin, né à Paris le 29 août 1794 ; membre de l'Institut.

571. Portrait de Géricault, la tête debout, couverte d'une calotte, appuyée contre un oreiller.

> Ce portrait, exécuté peu de temps avant la mort du jeune maître, est rare. Il a été refait depuis par M. Cogniet avec des différences sensibles.

572. Trois chevaux, dont celui du milieu n'est qu'esquissé au trait, entrent de gauche à droite, sous une voûte à peine indiquée. A droite, le buste d'un ange qui porte la main à sa poitrine. Nous ne connaissons pas d'autre épreuve de cette copie d'une pièce rare de Géricault exécutée en Angleterre, *Entrance of Adelphi*.

573. *Traineau esquimeau.* — *Une cour de Rome.* — *L'Attention.* — *Les Tirailleurs* (Delpech).— Jeune Romaine debout devant une fontaine. Ép. d'essai, 5 pièces.

CRUIKSHANK (Georges),

Né à Londres en 1794.

574. *Illustration of Time.* London, May 1827, published by the Artist.—6 pl. gravées, coloriés, avec un titre.

> Cette suite, l'une des premières et des meilleures du célèbre caricaturiste d'outre-Manche, est très-rare en France.

DANTAN jeune (Jean Pierre),

Sculpteur, élève de Bosio, né à Paris le 28 déc. 1800.

575. *Dantanorama,* publié par Neuhaus (imp. Delaunois). 11 lithographies numérotées, avec une couverture reproduisant les principales statuettes-charges modelées par le maître lui-même. *Grandville* d'après *Dantan.* — 4 planches contenant huit charges exécutées d'après les statuettes de M. Dantan.

DAUMIER (Honoré),

Né à Marseille le 26 février 1808.

576. *Souvenirs de Sainte-Pélagie.* Trois détenus politiques réunis dans une cellule lisent à haute voix le journal *la Tribune.*— Ép. sur chine.

577. Caricatures diverses, 15 pièces.

DEBUCOURT,

Graveur à l'aquatinta, élève de Vien, né à Paris en 1755, membre de l'Institut; mort en 1832.

578. *Promenade au bois de Vincennes.* — *Le goûter des Anglais* — 2 pl. gravées en couleur, chez Bance.

DECAMPS (Alexandre Gabriel),

Né à Paris le 3 mars 1803; travailla chez M. Abel de Pujol; mourut à Fontainebleau d'une chute de cheval, le 22 août 1860.

579. Portrait de Decamps et notice, extraits de la *Galerie de la presse, de la littérature et des beaux-arts* (imp. d'Aubert).

EAUX-FORTES.

580. LES ANES SOUS LE TOIT. Épreuve d'essai, 1er état avant le numéro et avant la signature à la pointe sèche.

581. Épreuve sur chine avec le n°12, qui lui a été donné dans la publication des *Artistes contemporains* et avec *Decamps sculpsit* dans la marge.

582. *Le Gardeur de porcs.* Cette eau-forte a été publiée en 1843 dans la 8ᵉ livraison des *Beaux-Arts*, de M. L. Curmer.

LITHOGRAPHIES.

583. Bataille de Mondovi. Decamps *del.* (lith. de C. Motte). — Épr. d'essai avant la lettre.

584. Bataille d'Aboukir. Decamps *del.* (lith. de C. Motte). Épr. d'essai avant la lettre et du 1ᵉʳ état, les moustaches du général Kléber n'étant point encore visibles.

> Ces deux lithographies détachées de la *Vie politique et militaire de Napoléon*, par A. V. Arnault, Paris, 1822, sont, au moins par la comparaison des dates, les premières de Decamps.

585. *Pauvre noir!* (C. Motte). 2ᵉ état, c'est-à-dire avec le titre. Extrait du journal l'*Album*, 5 déc. 1822.

586. *Massacre de Scio.* (Lith. de Villain.) Extrait du journal l'*Album*, 28 fév. 1823. 2ᵉ état, c'est-à-dire avec le titre.

587. *Une visite à l'Hôtel-Dieu.* (Lith. C. Motte.)—Notre épreuve, qui porte le timbre du dépôt au bureau de la librairie, le 10 décembre 1823, a été biffée au crayon lithographique.

588. *Le thermomètre.* (Lith. de C. Motte, rue des Marais.)

589. Le Savoyard et le singe. — Deux épreuves avant la lettre et avant l'adresse de Motte, l'une sur chine, l'autre sur blanc.

590. Un jeune homme, qui est tombé à plat ventre devant la loge du concierge en descendant un escalier dans l'obscurité, se tient le nez à pleine main; une servante, attirée par le bruit, arrive sur le palier, sa chandelle à la main. Signé au grattoir, sur le dernier degré : *Decamps.*

> Nous ne connaissons que cette épreuve et celle de la vente Parguez.

591. Cahier publié chez Giraldon Bovinet, à Paris; à Londres, 1ᵉʳ août 1829, chez M. Lean, 26, *Hay-Market.* (Lith. de Lemercier.) Suite de 6 pièces numérotées, sur chine.

592. Épreuve d'essai du n° 1 de cette suite avant le numéro et avant aucune espèce d'adresse.

593. *Sujets de chasse par Decamps*, publiés et imprimés par Gihaut frères.—Dix pièces sur chine.

> Les deux dernières compositions, malgré le titre général, sont des paysages d'Orient.

594. *Croquis par Decamps*. 1830. Publiés par Gihaut frères.—Suite de 12 pièces numérotées sur chine.

595. Titres de Romances. — 6 pièces; épreuves d'essai sur chine avant l'adresse d'Engelman.

> Cette suite a été composée pour un album de chant publié en 1830, en collaboration avec Camille Roqueplan.

596. *L'an de grâce 1840...*

597. *Eh! camarade, on n'entre pas en veste ici.*

598. *Voilà ce qui vient de paraître...* (Gihaut frères).

599. *Une pauv' petite préfecture, s'il vous plaît.* (Gihaut frères).

600. *La France pleure ses victimes,* etc. (Lith. de *Gihaut frères, édi- teurs.* Cette pièce politique, ainsi que les quatre précédentes, est sur chine.

601. Épreuve tirée à l'aide d'un cache-lettre du ministre debout à la tribune dans la pièce précédente et vu de dos.

602. *Adieux touchants de l'Ex-bien-aimé.*

603. *Ah!... cette fois, je sens bien que j'en rends...*

604. *Classe de français.* M. Contrarius.

605. *Le Pieu monarque.* — Cette caricature politique, ainsi que les trois précédentes, est sur chine.

606. *Pasquinade. Vue intérieure d'une baraque.* (A Paris, chez *Ardit,* marchand d'estampes, rue Vivienne, 2; lith. de *Delarue, rue Notre-Dame-des-Victoires,* 16.)

607. *Arrêt de la cour prévotale.* (Lith. de Delaporte.) Extrait de la *Caricature* nᵒ 26.

608. *Grands sauteurs!* (Lith. de Delaporte.) Extrait de la *Caricature* nᵒ 15.

609. Suite complète des 20 pièces publiées dans le *Croquis par divers artistes,* sur chine, avec les adresses de Rittner et Ch. Tilt, Oster- wald et Lemercier, qui indiquent le premier tirage.

> Les nᵒˢ 40, 50, 55, sont des épreuves d'essai avant que le trait carré n'ait été interrompu en haut et en bas pour y intercaler les mots : *Cro- quis par divers artistes et Decamps.* Le nᵒ 52 ne porte pas non plus ces mots; mais on les a dissimulés au tirage à l'aide d'un cache-lettre. Nous ne pensons pas qu'il soit possible de rencontrer des épreuves d'une beauté supérieure à celles de cette suite.

610. *Essai fait à la manière noire par M. Decamps.* (C. Motte.) Un Turc debout dans un intérieur.—Sur chine.

611. *Le petit Savoyard* (Lemercier). — *Récréation* (Frey). — *Les mendiants* (Benard). 3 pl. extraites des premières années du journal l'*Artiste.*

D'après DECAMPS.

612. *Bassets,* gravé à l'eau-forte par L. Laroche ; publié par l'*Artiste.* Épr. sur grand papier, sur chine.

613. *La musique,* gr. par L. Prévost. Aux bureaux de l'*Artiste.* Grand papier.—*Sancho,* tiré de l'album de madame de Sévigné, née Hitrofh. Gr. par L. Prévost ; l'*Artiste.* Grand papier.

614. *Les joueurs de palets,* gr. par Kœnig ; l'*Artiste.* Grand papier.

615. *Corps de garde turc, Mendiant espagnol, Porc mangeant, Lépreux,* etc.—6 eaux-fortes par MM. A. Leleux, Loubon, Ch. Chaplin, Gaitt, etc.

616. *Les baigneuses, Turcs au combat, le singe peintre,* lithographies par MM. Français, E. Le Roux, Soulange-Tessier, etc. — *Le marché de Marseille, Canotier de l'amiral de Rigny, les Experts, la Sortie de l'école turque,* etc.— 8 pièces par A. Bouquet, Meyer, M. Alophe, etc.

DEDREUX (Alfred),

Élève de M. Léon Cogniet, né à Paris le 23 mai 1810, mort le 5 mai 1860.

617. Jockey promenant des chevaux et Amazone au repos. — 2 pl. sur papier teinté, rehaussées d'aquarelle.

DELACROIX (Eugène Ferdinand),

Élève de Guérin, né à Charenton, le 26 avril 1798 ; membre de l'Institut.

EAUX-FORTES.

618. Un ange, agenouillé sur des nuages, souffle dans une trompette recourbée et désigne du geste ces mots écrits sur une banderole : *Eaux-fortes par Eug. Delacroix.*—Larg., 85 ; haut., 70.

619. Portrait en buste de jeune femme, vue de face, les cheveux en bandeaux, la tête appuyée sur sa main droite.—Croquis à l'eau-forte signé *Eug. Delacroix,* 1833.—Haut., 85 mill.; larg., 80.

620. Un écuyer allemand tenant par la bride un cheval dont on ne voit que le train de devant; plus loin, à gauche, quatre cavaliers confusément indiqués.—Croquis à l'eau-forte, signé dans le ciel *Eug. Delacroix.*—Haut., 180; larg., 130 mill.

621. Juive d'Alger, assise dans son intérieur avec une esclave noire auprès d'elle.—Croquis à l'eau-forte, signé *Eug. Delacroix*, 1833.—Tr. c. Haut., 200; larg., 155 mill.

622. Tigre couché dans le désert. — Eau-forte signée *Eug. Delacroix*, 3e état avec l'adresse de Picot, rue du Coq, 2, qui constitue le dernier état.—Larg., 130; haut., 90.

623. Lionne déchirant de ses ongles la poitrine d'un Arabe étendu mort sur le dos. Signé *Eug. Delacroix*, 1849. Gravure au vernis mou; 1er état avant la publication dans l'*Artiste*.—Haut., 200; larg., 270 mill.

Les eaux-fortes qui précèdent n'ayant point (sauf les deux dernières) été mises dans le commerce, sont extrêmement rares. Elles sont très-caractéristiques de la manière du maître.

LITHOGRAPHIES.

624. Portrait de M. le baron Schwiter, peintre de portraits, élève de M. Eug. Delacroix, en buste, vu presque en face, habit noir, cravate et gilet blancs, assis sur une chaise sur le dossier de laquelle est passé son bras droit. On lit à gauche, *Eug. Delacroix*, et en haut à droite, *Æt.* XXI. Épreuve d'essai.

625. *La consultation.* (Lith. de C. Motte.) Quatre médecins sont assis au milieu de la chambre d'un malade agonisant qui, de son lit, semble les écouter avec terreur. L'un pérore, les autres l'écoutent en somnolant ou la tête appuyée sur leur canne à corbin. Derrière la chaise de l'un d'eux, la Mort, assise à terre, aiguise sa faux en ricanant.—Deux épreuves de la même composition, l'une est coloriée.

626. Une feuille contenant 12 croquis de médailles antiques; l'une représente une tête à double visage. *E. Delacroix*, 1825.— Cette signature se répète aux trois suivantes.

627. Feuille contenant six croquis de médailles antiques; l'une d'elles représente un lion dévorant un bœuf.

628. Feuille contenant quatre croquis de médailles antiques; une d'elles représente un taureau.

629. Feuille contenant neuf croquis de médailles antiques; une d'elles représente une victoire planant sur un taureau à face humaine; une autre, une chimère. *B.*

630. Thésée domptant le Minotaure. Croquis d'après un antique très-mutilé; sans signature. *B.*

631. Méphistophélès planant dans les airs. Épreuve sur chine avant le nom de Delacroix, l'adresse de Motte et les deux lignes: « De temps en temps... »

632. Faust debout dans son cabinet. Épreuve d'essai sur chine avant toute inscription. Parmi les croquis qui couvrent la marge à gauche et au bas, on distingue un casque, une tête de cheval et des poignées d'épée. *A devati*

633. Méphisto se présentant chez Marthe. Épreuve d'essai avant toute espèce d'inscription. Parmi les croquis qui couvrent les marges, on distingue des lions assis ou couchés, des lionnes marchant ou endormies, une tête d'éléphant, des têtes humaines, des cavaliers se heurtant, etc. *M Lecomte*

634. Marguerite rêvant près de son rouet. Épreuve d'essai avant toute inscription. On distingue, dans la marge inférieure, un croquis de paysage. *M Lecomte*

635. *Méph.—Il nous faut promptement gagner au large.* Épreuve d'essai de 2ᵉ état avant le nom de Delacroix et l'adresse de Motte. Voir le 1ᵉʳ état dans le catalogue de la vente Parguez. Dans la marge, à droite, un homme en costume allemand s'éloignant.

636. Faust et Méphisto dans les montagnes de Harz. Épreuve d'essai avant toute inscription. Dans les marges, croquis de chevaux, de barque à voile, de lézard, etc. *M Lecomte*

637. Faust et Méphisto galopant dans la nuit du sabbat. Épreuve d'essai avant toute inscription. Avec croquis de chevaux dans les marges. *M Lecomte*

638. Le Faust. Tragédie de M. de Goëthe, ornée de 17 dessins par M. Eugène Delacrrix. *Paris, Motte et Sautelet,* 1828. Un vol. in-fol., broché.

639. *La fuite du contrebandier. E. Lacroix* (lith. de Engelmann). Un contrebandier espagnol s'enfuit au galop de son cheval; au fond, deux douaniers le couchent en joue.—Tête de lettre pour une ballade, paroles de Bétourné, musique de Th. Labarre. *B.*

Épreuve d'essai avant le tirage de la musique. Dans cet état, la lithographie à 190 millim. de largeur.

640. Un guerrier franc. Debout au milieu d'un paysage boisé par des sapins, il tient un bouclier et sa main s'appuie sur le manche d'une framée. *Lacroix*, 1829 (G. Engelmann). C'est un cul-de-lampe pour l'introduction du *Voyage en Auvergne* du baron Taylor.

641. *Ivanhoé. Chap. XXII. Walter Scott : Chien maudit, issu d'une race maudite*, etc. Avec le texte anglais. N° 11. *Delacroix* fecit, sept. 1829. (*Imp. lith. de H. Gaugain.*) Épr. sur chine.

642. *La fiancée de Lamermoor. Chap. XXIX : Et l'oiseau tomba au pied de Lucie...* Avec le texte anglais. (Lith. E. Ardit.) *January*, 1830. Delacroix *fecit*.

643. *Chroniques de France, château de Pontorson. Delacroix* fecit, oct. 1829. (Lith. de H. Gaugain).—*Soudain courant à lui...*—*Sous les pieds des chevaux.*\—2 pièces en hauteur sur chine.

644. Le Giaour. Il arrête son cheval qui foule aux pieds le pacha mourant, dont le cheval se cabre au loin ; l'horizon est fermé par des montagnes.—2ᵉ état, sur chine, c'est-à-dire avec les croquis sur la marge inférieure effacés. (Voir, pour le 1ᵉʳ état, le catalogue de la vente Parguez.)

645. Macbeth. Il contemple les trois sorcières accroupies autour du chaudron magique. Pièce en hauteur, presque entièrement exécutée au grattoir. (Lith. de G. Engelmann.) Épreuve d'essai avant les deux vers.

646. *Jane Shore.* Acte V, sc. ii... *Sho : Éloigne ces noires idées de tristesse et de faute...* (Rowe.) Avec le texte anglais. *Eug. Delacroix inv. et del.* (lith. de C. Motte), sur chine.—*Hamlet.* Acte V, sc. 1ʳᵉ. *Le fossoyeur : Ce crâne, seigneur, est celui d'Yorick...* (Shakspeare). Avec le texte anglais. *Eug. Delacroix inv. et del.* (C. Motte), sur chine. Cette pièce et la précédente sont en largeur et se font pendant.

647. *Hamlet. Treize sujets dessinés par Eug. Delacroix.* Paris, chez Gihaut (lith. de Villain). Suite sur chine, datée de 1834, 1835 et 1843.

Cette interprétation colorée, délicate et touchante du tragique anglais, est considérée à bon droit comme les chefs-d'œuvre de M. Eug. Delacroix. Nous tenons du maître lui-même qu'elle n'a été tirée qu'à très-petit nombre.

648. Goetz de Berlinchingen. Un jeune page se précipitant aux genoux de Goetz.—L'attaque de Goetz par les brigands.—Il revient blessé.—Goetz écrivant ses Mémoires auprès de sa femme. —4 pièces sur chine; épreuves d'essai avant toute inscription.

649. Femme turque étendant du linge; à gauche, un jeune garçon assis à terre. Signé : *Eug. Delacroix.* Essai de lithographie à la plume.

650. Trois Turcs causant étendus sur des coussins. Essai de lithographie à la plume.

651. Une feuille contenant quatre croquis de paysages, dont le premier seul est de M. Delacroix, et les autres sont de M. Paul Huet. Un groupe d'arbres sur un tertre et le toit d'une chaumière.

652. Panthère bondissant sur un cheval noir et le saisissant au cou.—Épr. d'essai tirée à quelques épreuves.

653. *Lion de l'Atlas.* Couché dans son antre, il dévore un lièvre. *Delacroix fecit.* Imprimé et édité par Gaugain.

653 bis. *Tigre royal.* Couché dans un paysage fermé par des montagnes sauvages. A Paris, chez Gaugain. *Delacroix fecit.* L'adresse de Gaugain a depuis été effacée. Ces deux pièces sont sur chine.

Elles sont comptées parmi les plus importantes et les plus heureusement exécutées de l'œuvre de M. Delacroix.

654. *Jeune tigre jouant avec sa mère.* Extrait de l'*Artiste. Eug. Delacroix.* (Lith. de Delaunois.)

655. *Groupe d'animaux.* Lion dévorant un cheval. (Imp. Bertaut.) 1er état avant le no 17 des *Artistes contemporains.* Signé *Eug. Delacroix,* 1844.

D'après Eug. DELACROIX.

656. *L'ermite Copmanhurst et le Chevalier.* Gr. à la manière noire par Zachée Prévost.

657. Un Turc assis près de son cheval. Lith. par M. Eugène Le Roux.—Dante et Virgile. Lith. par M. Célestin Nanteuil.

DE LA RUE (Louis Fortuné),
Élève de Gautherot, né à Amiens le 11 décembre 1793.

658. *Tableaux de Paris;* ou Coutumes, habitudes et usages des habitants de cette capitale, dessinés d'après nature en 1827.

Chez Ch. Motte. Suite de 21 pl. coloriées, dans le goût de celles d'Henri Monnier.

DEMANGE.

659. *Les mésaventures,* 1828, chez Gihaut frères. Suite de 6 pl. de caricatures coloriées.

DESENNE (Alexandre Joseph),

Dessinateur, né à Paris le 1er janvier 1785, mort le 30 janvier 1827.

660. *Le peintre classique, le peintre romantique.*—2 p. — *Atala n'offrait plus qu'une faible résistance, je touchais au moment du bonheur.—René apercevait souvent à une petite fenêtre...*—2 pièces sur chine.

DESNOYERS-BOUCHER (Auguste Gaspard Louis),

Graveur, membre de l'Institut, élève de Lethierre et de Tardieu, né à Paris le 19 décembre 1779, mort le 16 février 1857.

661. Têtes de vieillards. — Sainte Famille. — L'évanouissement d'Esther.

DEVÉRIA (Achille Jacques Jean),

Élève de Laffitte, né à Paris le 6 février 1800, mort conservateur du cabinet d'Estampes, le 25 déc. 1857.

662. Portraits d'hommes de lettres : Victor Hugo, Alexandre Dumas; etc.—10 pièces.

663. Portraits de mesdames Pauline et Eugénie Garcia, etc. — 8 pièces.

664. *Les anges gardiens.* Album de 6 pl. élégament cartonné.

665. Titre, couverture et affiche pour le *Faust* de M. Eug. Delacroix.—3 pièces; les deux premières sur chine.

666. Sujets de genre, extraits de divers albums. La plupart sur chine.—10 pièces.

DIAZ DE LA PEÑA (Narcisse Virgile),

Élève de Sigalon, né à Bordeaux le 20 août 1807.

667. *La mort de peur. — Beauté. — Les fous amoureux. — Les folles amoureuses.* (Imp. Bertaut.) — 4 p. sur chine, 2e tirage, c'est-à-dire avec l'adresse de Bouvenne fils.

D'après DIAZ.

668. Vénus et les amours (avant la lettre). — Assemblée de femmes orientales. — La lecture du roman, gravures par Ch. Geoffroy. — 3 p. sur chine et sur grand papier.

DUPONT-HENRIQUEL (Louis Pierre),

Graveur, membre de l'Institut, élève de Guérin et de Bervic, né à Paris le 13 juin 1797.

669. Portrait de M. Parguez. *H. Dupont*, 1828. Il est assis sur une chaise, vu à mi-jambes, les mains croisées et la tête nue. Épreuve sur chine. Ce portrait n'a point été mis dans le commerce.

ENFANTIN (Augustin),

Élève de Bertin et de Cicéri, né à Belleville le 29 août 1793, mort à Naples le 16 octobre 1827.

670. *Fac-simile de croquis faits en Angleterre.* Chez Gihaut. — 8 p. — *Cinq croquis de paysages d'après nature*, 1824. Croquis de paysages aux environs de Paris. — 9 p.

FIELDING-NEWTON (Himberd Smith),

Né à Huntington (Angleterre) le 17 octobre 1799.

671. *Canard sauvage.* Eau-forte. Épr. sur papier de Chine.

672. *Animals drawn on stone, by Newton Fielding*, 1829, publié et imprimé par Ch. Motte. — 7 pièces avec le titre. — *Croquis par Newton Fielding* (1829), publiés et imprimés par Gihaut frères. — 10 pièces, sujets d'animaux, sur chine avec une couverture.

FOREST (Eugène Hippolyte),

Né à Strasbourg le 24 oct. 1808, élève de Camille Roqueplan.

673. *Souvenirs d'un flâneur de Paris.* Suite de 10 caricatures coloriées avec une couverture.

L. FRANCIA.

674. *Wreck of an english brig on the Northern coast of France.* London, printed and published by Rowney and Fontes. September 1822.

GATTEAUX (Jacques Édouard),

Graveur en médaille, membre de l'Institut, né à Paris le 4 nov. 1788, élève du sculpteur Moitte.

675. Portrait de M. N. Gatteaux, le père. — Petit, curé de Triel. —Charles de Gardame, médecin. — Hartmann, musicien.

Ces quatre lithographies sont extrêmement rares. Elles n'ont point été mises dans le commerce.

GAVARNI (Sulpice Chevalier dit),

Né à Paris le 13 janvier 1804.

676. Portrait de Gavarni, par lui-même. Ext. des *Beaux-Arts*.

677. *Croquis par divers artistes.* N° 60. — Sur chine. 1er tirage, c'est-à-dire avec les 4 adresses dès imprim. et des éditeurs

678. Contes du chanoine Schmidt : *Eustache, les Brigands, Henri d'Eichefels.*

679. *Musiciens comiques ou pittoresques et Physionomies des chanteurs.* — 52 pièces extraites de la *Gazette musicale.* (1844, Impr. par Lemercier et par Thierry frères.)

680. Titres de romances et autres. — 13 p.

681. 28 pièces diverses extraites du journal la *Caricature provisoire.*

682. 7 gravures de modes par Nargeot, d'après Gavarni.—38 bois extr. des *Français peints par eux-mêmes.*

Le baron GÉRARD (François Pascal Simon),

Élève de David, né à Rome le 4 mai 1770, mort à Paris le 11 janv. 1837; membre de l'Institut.

683. Portrait en buste d'Henri IV, tête nue, avec une écharpe ; dans un ovale circonscrit dans un carré dont les angles sont teintés de traits horizontaux. Il regarde de trois quarts vers la gauche.—Portrait en buste d'Henri IV, tête nue, vu presque de face, avec le grand cordon du Saint-Esprit, dans un ovale circonscrit dans un carré. Il regarde le spectateur. Cette épreuve est imprimée sur le revers d'une caricature de la Restauration : *M. Calicot partant pour le combat des montagnes.*

684. Portrait de la duchesse de Berry, profil tourné vers la droite, décolletée, avec un collier de perles et une toque à plumes, dans un ovale. On remarque au-dessous un bouquet de roses et de lis.

685. Portrait du général O'Connor. Profil regardant vers la droite.—1er état avant la signature *Gérard* et avant lith. de C. de Lasteyrie).

Ces quatre pièces sont, à notre connaissance, les seules lithographies du baron Gérard.

GÉRICAULT (Jean Louis Théodore André),

Né à Rouen le 26 sept. 1791, élève de C. Vernet et de Guérin, mort à Paris le 18 janvier 1824.

686. Portraits de Géricault dans les derniers temps de sa maladie : — 1° la tête couverte d'une calotte et posée horizontalement sur un oreiller ; — 2° la tête couverte également, mais redressée sur l'oreiller ;—3° la tête et le col se détachant sur un fond perdu. Ces portraits, dont les deux premiers sont très-rares, avaient été dessinés d'après nature par M. Léon Cogniet. —*Le tombeau de Géricault* au cimetière de Père-Lachaise, d'après le monument de M. Etex.

687. Portrait d'homme, M. Brunet-Denon, vu à mi-corps, la tête nue de face, la main droite passée dans son gilet. *Géricault* del. (Lith. de C. Motte.) Trait carré, haut. 175, larg. 150 millim., lith. à la plume.

En rédigeant le catalogue de la vente Parguez, nous avions lu, dans les notes manuscrites de M. Bruzard, le nom de M. Castelle ; mais il doit sans doute se rapporter à un portrait de profil dont la bibliothèque possède une épreuve. On nous a depuis affirmé que ce portrait-ci est celui de M. Brunet-Denon, célèbre amateur de curiosités, qui accompagna Géricault pendant son voyage en Angleterre. Nous n'en connaissons que trois épreuves.

688. Jeune homme, à longs cheveux blonds, costume noir à crevés avec une écharpe et large fraise blanches, vu jusqu'à mi-jambe ; il porte sur l'épaule droite un étendard blanc. *Géricault.* Haut. 167, larg. 140 milim.

689. *Le Factionnaire suisse au Louvre. Géricault,* 1819. (Imp. lith. de Delpech.)

690. *Marche dans le désert.* Géricault *del.* (Lith. de C. Motte.) 2e état. —*Passage du mont Saint-Bernard.* Épreuve de premier état avant le titre, et avant que les montagnes couvertes de neige n'aient été reprises au crayon. Cette pièce, ainsi que la précédente, a été publiée dans l'*Histoire de Napoléon,* par Arnault, 1822.

691. Mameluck défendant un trompette, blessé à mort sur son cheval, contre un Cosaque qui arrive au galop.

692. Au milieu des neiges de la Russie, un Grenadier manchot tient la bride du cheval d'un Cuirassier aveugle, qui a le bras gauche en écharpe. Signé à droite *Géricault*. (Lith. de C. Motte.) Épreuve sur blanc.

693. Même sujet imprimé à deux teintes.

694. Un chariot, plein de soldats blessés ou mourants, conduit par un charretier, est traîné par trois chevaux dont l'un mord la fesse de celui qui le précède. Signé à gauche *Géricault*. (Lith. de C. Motte.)

695. Une laitière agenouillée panse la jambe d'un vétéran assis sur l'arrière d'une charrette. Lith. à la plume en forme de cul-de-lampe ; h. 80, larg. 130 millim.

696. La même lithographie avec le titre du morceau de musique pour lequel elle avait été composée : *La Laitière et le Vétéran*, ronde, composée et dédiée à son ami Gautier, par T. Berton fils.

697. Debout sur un caisson, ouvert et démonté, en travers d'un pont, un artilleur, mèche allumée à la main, montre le poing à un groupe d'Anglais arrêtés à droite.

698. *Boxeurs*. (Lith. de C. Motte.)

699. Deux chevaux gris pommelés se mordent au cou en se cabrant au milieu d'une écurie ; le garde d'écurie en bonnet de police et en manches de chemise les frappe à coups de balai pour arrêter le combat. Au premier plan, dans l'ombre, un hussard couché sur la paille se réveille et les regarde en jurant ; à gauche, on aperçoit, au-dessus de la mangeoire, la tête d'un cheval.

> La pierre de cette admirable composition aurait été, suivant l'attestation formelle de l'imprimeur Motte à M. Parguez, brisée après la seconde épreuve. Elle est imprimée à deux teintes. Haut. 270, larg. 350 millim. Collée en plein et sans marge.
> Nous ne connaissons d'épreuve à deux teintes, outre celle-ci, que celle qui, à la vente Parguez, a atteint 560 fr.

700. *A Cheval*. (Imp. et lith. de F. Delpech.) La partie droite de l'épreuve a subi un commencement de coloriage.

701. Service funèbre de Guillaume le Conquérant dans la chapelle de Boscherville, après la bataille d'Hastings. Cul-de-lampe pour le *Voyage pittoresque en Normandie* du baron Taylor. T. II, p. 45. Le nom de Géricault est appliqué à l'aide d'un timbre.

702. Église de Saint-Nicolas. P. 150 du *Voyage en Franche-Comté.* L'architecture est de Lesaint, les figures seules sont de Géricault, 1823. (Lith. Engelmann.) Sur chine. 2 épr.

703. *Various subjects drawn from life and on stone, by J. Géricault.* Cette inscription, écrite sur la toile d'un fourgon attelé, est lue par un homme qui porte une pancarte ornée de ces mots : *Shipwreck of the Meduse. J. Géricault inv.* N°—12 s. London, published and sold by Rodwell and Martin, New-Bond st., 1821. Printed at C. Hulmandell's lithographic establishment, 51, Great Marlboro' st. Titre sur papier teinté des 11 pièces suivantes qui sont extrêmement rares en France.

704. *A Party of life guards.* J. Géricault *inv.* C. Hulmandell's lithography. London, published by Rodwell and Martin, New-Bond st. Feb. I^st. 1821. Les 10 pièces suivantes, excepté *a French farrier,* portent toutes ces trois inscriptions.

705. *The piper.*

706. « *Pity the sorrows of a poor old man!*

   « *Whose trembling limbs have borne him to your door!*

707. *The Flemish farrier.*

708. *A French Farrier.*

709. *The English farrier.*

710. *Horses exercising.*

711. *The Coal waggon.*

712. *Entrance of the Adelphi wharf.*

713. *Horse going to a fair.* 2 épr.

714. *An Arabian horse.*

715. Jockey sur un cheval noir qui trotte. — Marchand de poisson endormi taquiné par des enfants. — Domestique sur un cheval de course qui marche au pas.—Gamins forçant un âne à marcher.—Lion dévorant un cheval. Ces quatre pièces, lithographiées à la plume, ont été tirées à l'aide d'un papier carton.

716. *Schipwreck of the Meduse.* (C. Hulmandell's lithography.) « Croquis au trait et à l'encre. Il était distribué au public lors de l'exposition à Londres du tableau de Géricault. » Ce croquis est fait presque entièrement par Charlet, nous le savons de lui-

même, » a écrit M. le colonel de La Combe dans *Charlet, sa vie et ses œuvres*, pages 274.

717. *Études de chevaux d'après nature.* Chez Gihaut, boulevard des Italiens, n° 5. (Lith. G. Engelmann.) Sur chine, ainsi que toute la suite.—*Chevaux ardennais.* Cette épreuve et les suivantes portent toutes à gauche *Géricault*, à droite lith. de G. Engelmann.— *Jument égyptienne.*—*Cheval arabe.*—*Cheval anglais.*—*Cheval espagnol. Chevaux flamands.*—*Cheval d'Hanovre.*—*Cheval de Mecklembourg.*— *Cheval de la plaine de Caen.*—*Chevaux cauchois.*— *Chevaux d'Auvergne.*

718. Cheval que l'on promène au moment de la course. Cette pièce, ainsi que les quatre suivantes, porte à gauche le nom de *Géricault*; à droite, *lith. de G. Engelmann.* Elles sont sur chine. —La course.—Cheval de charrette sorti des timons.—Officier d'artillerie commandant la charge.—Officier d'artillerie au galop, vu par le dos. Suite sur chine.

719. Officier d'artillerie au galop. Épr. d'essai avant *Géricault* et lith. de G. Engelmann.

720. Trompette de chasseurs. Cette pièce porte à gauche, le nom de *Géricault*; à droite, *lith. de Villain*, ainsi que les quatre suivantes.—Charge de cuirassiers.—Un postillon.—Cheval conduit à l'écorcheur.—Cheval dévoré par un lion. Suites sur chine et sur blanc.

721. Cheval blanc que l'on ferre. Lith. au tampon. *Géricault del.,* chez *Gihaut frères.* (Lith. de Villain.)—Un cheval anglais monté, lith. au tampon et au grattoir (Engelmann).—Cheval nu allant au trot. (*Lith. de Villain.*)—Cheval franchissant une barrière. Suite sur chine et suite sur blanc, en anciennes épreuves. Plusieurs de ces pierres ayant été brisées pendant les tirages postérieurs n'ont plus fourni que des épreuves imparfaites.

722. Cheval anglais monté. Épreuve d'essai avant *G. Engelmann* et le tr. carré, et avant qu'une tache dans le ciel n'ait été enlevée au grattoir.

723. Cheval nu allant au trot. Épr. d'essai avant le nom de *Villain.*

724. Cheval franchissant une barrière. Épreuve unique selon l'affirmation de M. de La Combe. La pierre originale de Géricault

aurait cassé au second tour de la presse, et la pièce aurait été copiée immédiatement par M. Léon Cogniet. Il suffit de la comparer avec celle que l'on rencontre ordinairement pour être frappé par l'inimitable science du modelé dont elle est empreinte.

725. *Chevaux de ferme.* — Les boueux. — Un hangar de maréchal ferrant. — Un roulier montant une côte dans la neige. — Un cheval mort. Ces quatre pièces sur chine, portent toutes, sauf la première, *Géricault.* (Lith. de G. Engelman.) Chez madame Hulin, rue de la Paix, 21.

726. Roulier montant une côte. Épr. d'essai avant toute lettre.

727. *Études de chevaux par Géricault.* A Paris, chez Gihaut, éditeur, marchand d'estampes, boulevard des Italiens, n° 5. Couverture en hauteur. Sur chine.

728. Jockey faisant galoper des chevaux gris. — Le chariot de charbon. — Cheval noir dans une écurie. — Vieux cheval à la porte d'une auberge. — Cheval de plâtrier attelé. Ces cinq pièces portent à droite, *Géricault del.*, à gauche, *lith. de Villain.* Sur chine.

729. Jeune garçon donnant l'avoine à un cheval dételé. — Chevaux de poste buvant à la porte de l'écurie. — Chevaux montant une côte. — Chevaux promenés au pas. — Cheval que l'on ferre dans les attelages. — Cheval de charrette à la porte d'un maréchal ferrant. — Chevaux de carrosse se mordant pendant qu'on les ferre. — Ces sept pièces portent *Géricault del.* (Lith. de Villain.) Chez Gihaut. Elles sont sur chine. On sait que ces douze pièces, reproductions, souvent avec variantes, de lithographies exécutées à Londres par Géricault, chez Hulmandell, sont en grande partie de la main de M. Léon Cogniet.

730. *Le Giaour.* — *Lara blessé. Géricault del.* (Lith. de Villain.) Chez Gihaut. — *Lara; un des soldats qui l'entouraient.* — *Le Giaour : Cet ennemi est là qui le contemple...* — *La fiancée d'Abydos : Je t'ai dit que je n'étais...* — *Mazeppa; le coursier tente de s'élancer.* — Géricault et *Eug. Lamy,* 1823. (Lith. de Villain.) Chez Gihaut. Suites sur chine et sur blanc. M. Eug. Lamy a exécuté ces pièces d'après des aquarelles de Géricault.

D'après GÉRICAULT.

731. Par Jayle, Volmar et autres. 12 lithographies et bois.

GIGOUX (Jean François),

Né à Besançon le 8 janvier 1806.

732. Portrait d'Alfred Johannot. — *Le comte Ostrowski.* (Imp. Bertaute.) Épr. sur chine, grand papier.

GIRODET-TRIOSON (Anne Louis),

Élève de David, né à Montargis le 29 janv. 1767, mort à Paris le 9 déc. 1824 : membre de l'Institut.

733. Portrait de M. Coupin de la Couperie, *T. G.*, 4 août 1816, — *si pingi melius, non potuit melior.* (Lith. Engelmann.)

734. L'Amour jouant de la flûte, devant le berger Pâris assis ; à droite, Vénus dans le ciel. Lith. au trait.—Assis sur le rivage d'une mer agitée, Ossian étend les bras vers des rochers sur lesquels des cadavres sont battus par les flots ; derrière lui, un prisonnier est lié par des cordes à un arbre.

GRANDVILLE (Jean Ignace Isidore Gérard dit),

Né à Nancy le 15 septembre 1803, élève d'Hippolyte Lecomte, mort à Vanves le 17 mars 1847.

735. *Voyage pour l'Éternité.* Service général des omnibus accélérés. Départ à toute heure et de tous les points du globe, par J. Granville. Chez Bulla et chez Aubert. (Lith. de Langlumé.) Suite de 9 pièces coloriées.

736. *Les Métamorphoses du jour*, par I. Adolphe Grandville, 1829. Paris, chez Bulla. (Lith. de Langlumé.) Suite de 71 pièces coloriées, dont 2 pièces poursuivies par l'autorité, n'ont point été publiées : *une bête féroce, une famille de scarabées.*

737. *Chaque âge a ses plaisirs*, dix tableaux composés et lithographiés par I. Adolphe Grandville. Paris, chez Gihaut. (Lith. de Langlumé) Suite de 10 pièces coloriées.

738. *Le Dimanche d'un bon bourgeois ou les Tribulations de la petite propriété*, par Isidore Grandville. Paris, chez Langlumé. Suite de 12 pièces coloriées.

739. *Types modernes*, 1835. Observations critiques par J. J. Grandville. Paris, chez Neuhaus. Suite de 8 pièces avec un titre à part, sur chine.

740. *Pétition.* — *La tragédie renouvelée* et deux autres pièces coloriées. (Attribuées.)

J. J. GRANDVILLE et E. FOREST.

741. *Singeries politiques et morales de la société parisienne,* composé
par Grandville, exécuté par Forest, publié par Aubert. (Lith. de
Bénard.) Et petites macédoines d'Aubert. — 5 pièces.

742 et 743. Caricatures politiques diverses, 20 pièces dont plusieurs extraites du *Journal la Caricature.* — Scènes de mœurs,
caricatures. — 4 p.

744. *La mode du jour, la carte vivante du restaurateur* et autres caricatures de mœurs. — 16 p. coloriées.

745. *Galerie mythologique.* Suite de 6 pièces coloriées.

GRENIER (François Saint-Martin),

Élève de David et de Guérin, né à Paris le 22 juillet 1793.

746. *Album lithographique,* 1827, et divers essais. — 21 pièces.

747. *Album lithographique,* 1828. Chez Ch. Motte. — 12 pièces.

748. *Sujets de chasse au tir,* dessinés sur pierre, 1829 et 1831. —
19 pièces.

749. *Divers sujets,* composés et dessinés sur pierre, 1833. — 7 pièces sur chine.

Le baron GROS (Antoine Jean),

Élève de David, né à Paris le 16 mars 1771, mort à Meudon le 26 juin 1835;
membre de l'Institut.

750. Chef de mameluks à cheval appelant du secours. Premier
état, avant le nom de *Gros,* à l'encre lithographique.

751. Arabe du désert. *Gros,* 1817. Sur blanc. (Lith. de C. de Lasteyrie.) — Ce sont les seules lithographies du maître.

GUDIN (Théodore),

Élève de Girodet-Trioson, né à Paris le 8 août 1802.

752. *Recueil de marines,* par Théodore Gudin, à Paris, chez Gihaut frères,
1822. — 7 pièces sur chine.

753. Recueil de marines, par T. Gudin, à Paris, chez mesdemoiselles Bouillé, 1828, 1er et 2e cahiers. — 11 pièces sur chine.

754. Tableaux lithographiés par lui-même, 1829. Chez mesdemoiselles Bouillé. — 4 grandes pièces sur chine.

755. *Le Crépuscule, Naufrage sur la côte, le Lever du soleil, Temps de grain.* (Lith. de Richebois aîné.) — 4 p. sur chine.

756. *Tempéte, le Retour du pilote* et marines. — 10 pièces.

Le baron GUÉRIN (Pierre Narcisse),

Élève de Regnault, né à Paris le 13 mars 1774, mort à Rome le 16 juillet 1833
membre de l'Institut.

757. Le Repos du monde. Avant toute lettre.

758. *Qui trop embrasse mal étreint.—Le Paresseux.—Le Vigilant.*

HARDING (Jean Duffield),

Né à Greenwich.

758 *bis. New-Church Strand, Somerset-house and Waterloo-Bridge* (C. Motte). — 2 pièces sur chine. — Animaux et marine. — 5 p. imp. à deux tons.

HAUDEBOURT-LESCOT (Antoinette Cécile Hortense),

Peintre de la duchesse de Berry, élève de Lethierre, née à Paris en 1784,
morte en 1845.

759. *L'Aumóne* (C. de Lasteyrie). — *Le Compte avec l'hôte* (G. Engelmann), extrait de l'*Album*, et portrait de madame Haudebourt-Lescot, par Varcolier, d'après Drolling.

HEIM (François Joseph),

Élève de Vincent, né à Belfort le 15 janvier 1787; membre de l'Institut.

760. *Martyre de sainte Juliette et de saint Cyr, son fils. — Saint Siméon Stylite.—Saint Félix de Cantalice.* (Lith. Vilain.)

HENNEQUIN (Philippe Auguste),

Élève de David, né à Lyon en 1763, mort à Tournay en 1836.

761. Vénus et Adonis. — Eau-forte.

HENRI de France, duc de Bordeaux

(Charles Ferdinand Marie Dieudonné d'Artois, comte de Chambord),
Né à Paris le 29 septembre 1820, élève de Dorschwiller.

762. *Santa Maria di Porto Salvo, à Naples; Henri,* 1830. (Imp. à Saint-Cloud sur la presse de M. le duc de Bordeaux.)

HERSENT (Louis),

Né à Paris le 10 mars 1777, élève de Regnault, mort à Paris le 2 oct. 1860 ; membre de l'Institut.

763. *Clément Marot. Monseigneur l'évêque d'Hermopolis.* (Langlumé. A. A. J. de Clermont-Tonnerre. (F. Noël, Hersent *pinx. et del.*)

764. *Le Petit Chien, l'Hermite, la Fiancée du roi de Garbe, Mazet de Lamporechio, les Rémois, Joconde, le Savetier, Comment l'esprit vient aux filles, le Remède, la Courtisane amoureuse,* CONTES DE LA FONTAINE. Hersent, 1819. (Imp. de Delpech.)—10 pièces.—Ruben et Bala, un berger et une bergère antiques. Avant la lettre.—2 pièces.

HUBERT (Jean Baptiste Louis),

Né à Paris en nov. 1801.

765. Chalet suisse. — Eau-forte.

Nous avons joint à ce numéro une eau-forte de BIDAULT, peintre de paysages historiques, représentant une *Rivière boisée.*

HUET (Paul),

Élève de Gros et de Guérin, né à Paris le 3 octobre 1805.

766. Paysages à l'eau-forte. N°s 4 et 5. — *P. Huet pinx. et sculpt.,* publiés par Rittner et Goupil.— 2 p. sur chine.

767. *Huit sujets de paysage,* publiés par Gihaut. Sur chine.

768. Une marine et un paysage. Épreuve d'essai.

INGRES (Jean Dominique Auguste),

Élève de David, né à Montauban le 29 août 1780 ; membre de l'Institut.

769. *Odalisque* étendue sur les coussins d'un divan et tenant de la main gauche un chasse-mouches. Elle est vue de dos, accoudée sur le bras droit et retourne sa tête vers le spectateur. Cette lithographie a paru dans un album de Delpech. A gauche, *Ingres,* 1825. I. lith. de Delpech.

D'après INGRES.

770. *L'Amour et Psyché ,* par Aug. Desnoyers (musée Bouillon). —Odalisque, gr. par Metzmacher, publié par l'*Artiste.*—Portrait de Chérubini, gravé sur bois par Brevière.—L'Espérance, fac-simile d'un dessin , première idée pour l'un des vitraux de la chapelle funéraire de Dreux.

ISABEY (Jean Baptiste),

Élève de David, né à Nancy le 11 avril 1767, mort à Paris le 18 avril 1855.

771. *Caricature*. 1828. Le titre est dessiné en rébus en tête d'une suite de 12 pièces imprimées à deux teintes.

772. Paysages, caricatures coloriées, etc.—15 pièces.

ISABEY (Eugène Louis Gabriel),

Élève de son père, né à Paris le 21 juillet 1803.

773. *Souvenirs d'Eugène Isabey*. 1832. A Paris, publié par Morlot; London, published by M. Lean; New-York, published by Bailly and Word : *Vues de Rouen et de Caen; Souvenirs de Bretagne*. 5 pièces sur chine (impr. par Lemercier et Motte).

774. *Six marines dessinées sur pierre par Eug. Isabey*. 2ᵉ cahier, 1833. Publié par V. Morlot, impr. par Ch. Motte; à Paris, à Londres et à New-York. Ces adresses, effacées depuis, indiquent les premiers tirages. — *Intérieur d'un port, Marée basse, Retour au port, Raboub d'une barque à marée basse, Environs de Dieppe, Souvenirs de Saint-Valéry-sur-Somme.*—Sur chine.

775. Paysages, marines, titres de romances. 8 pièces, essais inédits de lithographie au lavis. — Intérieurs de villes et falaises. Épreuves d'essai. 4 pièces pour un ouvrage de M. Trobriant.

776. *Bateaux de pêcheurs en rade. — Brick échoué. — Côtes de Douvres. —Marée basse.*—5 pièces.

777. Croquis par divers artistes, nᵒˢ 27, et autre pièce de la même suite avant les titres. Sur chine.—*Donjon du château de Polignac.* Nᵒ 79 du *Voyage en Auvergne* par le baron Taylor. — *Normandie.*

JACQUE (Charles Émile),

Né à Paris le 23 mai 1813.

778. Vieux marchand juif assis; —*Ch. Jacque*, 1843. — Intérieur de forge. 2 p. sur chine.

Les JOHANNOT (Alfred et Tony),

Nés tous deux à Offenbach, Alfred le 21 mai 1800, et mort à Paris le 7 déc. 1837; Tony le 9 nov. 1804, mort à Paris.

779. *Charles VII.—Louis XV* et autres.—3 p.

JUHEL.

Élève de Charlet, né à Paris le 21 juin 1806, mort le 8 février 1830.

780. Croquis fantastiques. Suite de six pièces en largeur, numérotées.

LALAISSE (François Hippolyte),

Élève de Charlet, né à Nancy.

781. *La Bretagne.* Choix de costumes, scènes de mœurs, sujets pittoresques, dessinés d'après nature et lithographiés par H. Lalaisse, maître de dessin à l'École royale polytechnique à Nantes.—22 p. sur chine. Exemplaire de choix avec envoi manuscrit à M. le colonel de La Combe.

782. Études de chevaux. — 11 pièces à la plume avant la lettre, sur chine.

783. *Costumes de l'armée et de la marine.*—7 p.

784. Armée française. Nouvelle garde impériale. 54 sujets dont deux doubles avant la lettre, imprimés à deux tours.

785. Études de chevaux, sujets de fantaisie, paysages et animaux.—Photographies. 43 p.

786. Grandes études de chevaux. — 7 pièces.— Autres études de chevaux.—8 pièces.—Études de chevaux, lithographiées et au lavis.—8 pièces.

787. *Atlas statistique de la production des chevaux en France.* Paris, Paul Dupont, 1850.—55 pl., 7 très-grands sujets, 48 autres feuilles ne contenant qu'un seul sujet; tandis que l'ouvrage original contient deux sujets à la feuille.

LAMY (Eugène Louis),

Élève de Gros et d'Horace Vernet, né à Paris le 12 janvier 1800.

788. *Les Contre-temps en caricature.* 1825. Chez Gihaut. Suite de 24 p. en largeur, coloriées, réunies en album cartonné.

789. *Six quartiers de Paris.* Chez Louis Donazan. Suite de 6 p. en largeur, coloriées, avec un titre.

790. *Panorama du bois de Boulogne.* 1828 (Delpech). Suite de 12 pièces, y compris la couverture.

791. *Tribulations des gens à équipages* (Delpech). Suite de 6 p. en largeur, coloriées.

792. *La Vie de château*. 1828. Chez Louis Donazan. Suite de 10 p. en largeur, coloriées, avec une couverture.

793. *Souvenirs du camp de Lunéville*. 1829. Chez Delpech. Suite de 6 p. en travers, coloriées, avec une couverture.

794. *Waverley et miss Flore. — Jeanny Deans*. Culs-de-lampe du *Voyage en Écosse* de Pernot.—27 *juillet* 1830. Ens. 3 pièces.

LANDSEER (Thomas).

795. *Ha! ha! very good!...* Un singe habillé en gentleman, buvant un verre de porto. 1828. Eau-forte sur chine.

LE BLANC (Théodore),

Né à Strasbourg le 30 oct. 1800, capitaine du génie, élève de Charlet, blessé à mort en 1837, à la prise de Constantine.
(Ce funèbre épisode a inspiré à Raffet une de ses belles lithographies.)

796. *Croquis d'après nature*, faits pendant trois ans de séjour en Grèce et dans le Levant, par Th. Leblanc. Paris, chez Gihaut. Nos 1, 6, 9, 10, 11, 12, 16, 22. Sur chine.

LEMUD (Alfred de).

797. *Maître Wolfrang* (Imp. Lemercier, Benard et Cᵉ). *A. de Lemude* (sic) *del.* Publié par Rittner et Goupil, avec le timbre sec. Sur chine, coupé au bord du trait; sans la lettre.

798. *Les Sept cordes de la lyre*. (Imp. Lemercier, Benard et Cᵉ). *A. de Lemude del.* Sur chine, sans la lettre.

799. *Le Retour en France*, avec 4 vers de Victor Hugo (Imp. Lemercier, Benard et Cᵉ). *De Lemude* (sic) *del.* Chez Rittner et Goupil.

800. *Enfance de J. Callot* (salon de 1839). Imp. Lemercier, Benard et Cᵉ. Sur chine, tirage de l'*Artiste*.

LEPOITEVIN (Eugène Modeste Edmond),

Élève de Hersent, né à Paris le 31 juillet 1806.

801. *Croquis par divers artistes*. Pl. 15, 41, 42, et épreuve d'essai avec les 4 adresses qui constituent le premier tirage. Sur chine, et 2 pl. de *petits sujets de diableries*.

802. *Le Parc de Versailles.* Six vues pittoresques dessinées d'après nature et lithographies par Eug. Lepoitevin. Paris, chez Rittner (lith. de Lemercier). *La Fin du parc, la Promenade, l'Escalier du midi, la Lecture, le Tapis vert et Terrasse du nord.*—Sur papier de Chine.

803. *Les Diables de lithographies!* par Lepoitevin. Paris, chez Aumont; London, Ch. Tiltt (lith. de Frey). 2 cahiers ensemble contenant 12 feuilles couvertures de croquis fantastiques.

LEPRINCE (Anne Xavier),

Né à Paris le 28 août 1799, mort à Nice le 26 décembre 1826.

804. *Inconvénients d'un voyage en diligence.* Suite de 12 tableaux, 1826. Chez Sazerac et Duval. Suite coloriée.

MADOU (Jean Baptiste),

Élève du peintre belge Célestin François, né à Bruxelles le 16 janvier 1796.

805. *Douze dessins lithographiques* pour 1833. Imp. et publié chez Ch. Motte. Sur chine.

MAURIN (Nicolas Eustache),

Élève de Regnault, né à Perpignan le 6 mars 1799, mort à Paris vers 1850.

806. Portrait du roi, alors Monsieur, sous le déguisement à la faveur duquel il échappe à la vigilance de ses geôliers, le 21 juin 1791.

807. *Nina Lassave,* dessinée d'après nature à la cour des pairs, avec un fac-simile de sa signature.

> Villain, l'imprimeur de cette lithographie, ayant envoyé cette épreuve à Fieschi, dans sa prison, celui-ci la lui fit rendre après avoir écrit au bas à l'encre : « *Oui, c'est Nina, ma pauvre orfline que je regret. Prison du Luxembourg, le 16 février 1836.* Fieschi. »

808. *Galerie de la Gazette Musicale.* Compositeurs dramatiques, pianistes et violons célèbres, et *Panthéon musical* par Traviès.—4 p. —Reproduction de tableaux de maîtres anciens.—11 pièces.

MAUZAISSE (Jean Baptiste),

Élève de Vincent, né à Corbeil le 1er nov. 1784, mort en 1845.

809. Portraits divers de personnages célèbres.—6 p. —*Conversion de saint Paul.*—*Mort de Clorinde,* etc.—7 pl.

MERCURI (Paul),

Né à Rome le 20 avril 1804, élève de François Giangiacomo.

810. *Les Moissonneurs dans les marais Pontins.* P. Mercuri dis. e inc. in Parigi, 1831. 2e état.—Épreuve de souscription sur chine et sur grand papier, du journal l'*Artiste*.

811. *Françoise d'Aubigné, madame de Maintenon.* P. Mercuri, d'après Petitot, 1847. 3e état sur chine, avec l'adresse de Chardon aîné.

MONNIER (Henri),

Élève de Gros et de Girodet, né à Paris le 8 juin 1798.

812. *Osez les appeler, je les confondrai tous.* (C. Motte.) Signé *La Joie.* C'est la charge de mademoiselle Georges.

813. *Galerie théâtrale.* (Chez Gangain.) Suite de 12 p. coloriées, avec couverture, en largeur.

814. *Rencontres de Paris et de Londres,* dessinées d'après nature. 1826. Publié à Paris et à Londres par Giraldon Bovinet. Suite de 6 p. coloriées, en largeur.

814. *Récréation du cœur et de l'esprit.* 1826. Chez Giraldon Bovinet. 36 p. avec un frontispice, coloriées, en largeur.

816. *Les Grisettes, leurs mœurs, leurs habitudes, leurs bonnes qualités, leurs préjugés, leurs erreurs, leurs faiblesses. Dessinées d'après nature au sein de leurs plaisirs, de leurs occupations.* 1827. Chez Giraldon Bovinet. 14 p. en hauteur, coloriées. (Incomplet.)

817. *Esquisses parisiennes.* 1827. (Delpech.) 10 pièces coloriées, titre à part, en largeur.

818. *Mœurs administratives,* dessinées d'après nature. (Chez Delpech.) 6 pièces et couverture coloriées, en hauteur.

819. *Mœurs administratives,* dessinées d'après nature par H. Monnier, ex-employé au ministère de la justice. 1828. (Delpech.) 12 pièces coloriées, en largeur.

820. *Six quartiers de Paris.* 1828. (Chez Delpech.) Suite de 6 p. avec couverture, coloriées, en largeur.

821. *Jadis et aujourd'hui.* 1829. (Chez Delpech.) 18 pièces coloriées, avec couverture, en largeur.

822. *Esquises morales et philosophiques.* 1830. (Chez Delpech.) Suite de 6 p. coloriées, en largeur, avec couverture.

823. *Boutades*. (Delpech.) Suite de 6 pl. en largeur, avec couverture, coloriées.

824. *Les petites Félicités humaines et les petites Misères humaines*. (Chez Delpech.) Suite de 10 pièces coloriées en deux cahiers, en largeur.

825. *Galerie contemporaine*. 10 p. en largeur, coloriées.

826. *Paris vivant*. Suite de 20 pièces détachées, en largeur, coloriées. Chez Bernard et Delarue.

827. *Exploitation générale des modes et ridicules de Paris et Londres*. (Lith. de Senefelder.) Chez Gihaut frères.—3 p. coloriées, en hauteur, avec couverture.

828. *Rencontres parisiennes.* Macédoine pittoresque, croquis d'après nature, au sein des plaisirs, des modes et dans toutes les classes de la société. (Chez Gihaut frères.) Suite de 40 pièces coloriées, réunies en un album cartonné.

829. *Mœurs parisiennes.*—6 p. en largeur, coloriées.

830. Suite de 12 p. coloriées, à deux sujets à la feuille, numérotées, sans titre.

831. Pièces diverses détachées, politiques et caricaturales. — Environ 30 p.

MONTVOISIN (Pierre Simon Joseph),

Élève de Lacour père, né à Bordeaux le 10 juin 1787, mort en juillet 1862.

832. *Fieschi.* — *Morey.* — *Pepin.* — *Boizeau.* (Villain.) Portraits en buste et au trait, réunis sur la même feuille.

Madame O'CONNELL (Frédérique Émilie Auguste Miethe),

Née à Berlin en 1828, élève de Ch. J. Bégas.

833. Tête de Madeleine. Eau-forte publiée par la *Gazette des Beaux-Arts*. (Imp. Delâtre.) Sur papier libre du Japon.

OMMEGANCK (Balthazar Paul),

Né à Anvers le 26 déc. 1755, élève d'H. Antonissens, mort le 18 janv. 1826.

834. Un mouton et un bouc couchés au pied d'un arbre. (Burggraff, lith. de l'Académie royale de peinture.)

Princesse Marie D'ORLÉANS,

Élève d'Ary Scheffer, née à Palerme en 1813, morte à Pise en 1839.

835. *Souvenirs de* 1812. *D.N.M.O.*, 1831. (Ch. Motte.) C'est une épaulette que l'empereur Napoléon portait pendant la campagne de 1812.

> Nous ne connaissons pas d'autre épreuve de cette pièce, imprimée sur chine, et qui est exécutée avec beaucoup de goût.

Le duc D'ORLÉANS.(Ferdinand Philippe Louis Charles Henry),

Né à Palerme en 1810, mort en 1842.

836. Gulliver endormi dans l'île de Lilliput. Des troupes innombrables de Lilliputiens arrivent, à pied, à cheval, en diligence, en bateau, de tous les points de l'horizon. Le colosse, endormi, est lié à la terre par des liens qui entourent les moindres parties de ses membres. *La patrie est en danger!...* Provisoirement on a déjà vidé ses poches, et l'on transporte, à grands renforts de bras, la carte de *M. le comte de Gulliver*, 218, *rue Saint-Honoré.*

> Cette amusante caricature, dont les détails sont exécutés avec beaucoup de verve, est signée *F. d'Orléans*, janv. 1838.

837. Un renard, sur le bord d'un marais, dévorant un oiseau aquatique. (Lith. de C. Motte.) Signé F. d'Orléans, 1830.

838. Une marine; à droite, des oiseaux de mer posés sur des rochers. (Lith. de Ch. Motte).

839. *Quatre Vues de Staffa.* D.N.F.O. (Lith. de C. Motte). Ces quatre vues sont imprimées sur la même feuille. Elles représentent sous divers aspects les entrées des grottes.

840. Feuille contenant neuf croquis, paysages, bécassines, dans le goût de Newton Fielding. Tête de coq, tête de renard, canard sauvage au vol, etc. *F. d'Orléans*, janv. 1830. (Lith. de Motte).

841. Feuille contenant neuf croquis, marines, une Cauchoise, un serpent boa, une tête d'homme, etc. *F. d'Orléans*, janv. 1830. (Lith. de C. Motte.)

842. Feuille contenant sept croquis, tête de chien de chasse, épervier, caricature représentant un élégant assis sur une chaise et auquel son jockey essaye vainement de retirer ses bottes. *F. d'Orléans*, janv. 1830. (C. Motte.)

Le comte PAJOL.

843. *Armée russe*, 1856. Magnifique ouvrage, dédié à l'empereur Nicolas, contenant 84 pl. chromolithographiées ou coloriées à la main, couverture, titre, tables, etc.

Cet exemplaire de choix porte un envoi manuscrit de M. le comte Pajol à M. le colonel de La Combe.

844. Planches doubles de l'ouvrage précédent. — 11 p. — Sujets divers, portraits, chevaux, etc. — 10 p. pour la plupart avant la lettre et sur chine. — Huit sujets militaires, intérieurs d'écurie. Voyage en Orient. — 8 pièces gravées à l'eau-forte en 1847. Sur chine et numérotées.

PENGUILLY L'HARIDON (Octavien),

Né à Paris en 1811, élève de Charlet.

845. Un pèlerin gravissant un sentier qui conduit à un calvaire. — Un homme d'armes descendant au milieu de rochers sauvages. — Eaux-fortes sur chine, avant toute lettre.

PHILIPON (Charles),

Élève de Gros, né à Lyon en sept. 1802, mort à Paris le 25 janv. 1862.

846. *Les Compensations.* Chez Osterwald aîné. Suite de 18 pl. lithographiées par Wattier, coloriées.

847. *Modes de* 1830, etc., caricatures de mœurs. — 18 pl. coloriées.

PICOT (François Édouard),

Élève de Vincent, né à Paris le 17 oct. 1786; membre de l'Institut.

848. *Daphnis et Chloé* assis dans la grotte des bergers. — *Les deux amants*, 1820. (G. Engelmann.)

PIGAL (Edme Jean),

Né à Paris le 2 fév. 1794.

849. *Mœurs populaires.* Recueil de 66 pl. coloriées, dem.-rel., dos vert.

POTERLET,

Élève de Hersent, né à Épernay en 1802, mort à Paris en mai 1835.

850. Les pèlerins d'Emmaüs, Descente de croix, etc. Croquis à la plume d'après des compositions de Rembrandt. — 3 pièces.

PROUT (Samuel),

Peintre anglais, mort en 1892.

851. *Lillebonne, Normandy.* — *L'église de Saint-Laurent, Rouen,* — *Le pont de l'Arche, Near Rouen.* 4 pièces en haut. — *Jumielles.* — *Part of the cathedral, Rouen.* — *Part of the church* — *at Arque At ments,* publié par R. Ackermann. Londres, 1823. — *Château de Montbelliard,* nº 133 du *Voyage en Franche-Comté.* (Hulmandel.)

852. *Illustration of the Rhine.* Drawn from nature and on et one, by S. Prout. London, published by R. Ackermann, 1823. (Lith. Hulmandel.) — 26 pièces, grand papier.

853. Quatre pièces doubles de la publication précédente. Sur papier de Chine. — Vues de monuments prises à Bruxelles, Anvers, Prague, Munich, etc. — 10 p. imprimées sur papier gris et 3 p. sur papier jaune, à deux tons.

PRUD'HON (Pierre Paul),

Né à Cluny le 4 avril 1758, élève de Devosge, mort à Paris le 16 fév. 1823 · membre de l'Institut.

854. *Une famille malheureuse.* On lit dans le journal l'*Album,* 10 mars 1822 : « M. Prud'hon nous a donné pour l'*Album* le dessin de ce tableau qui a été acheté les uns disent 6,000 fr., les autres 10,000 fr., par un honorable amateur. C'est, jusqu'à ce jour, la seule lithographie que cet académicien ait faite. Il y a dans ce travail un charme indéfinissable, et nous devons déclarer ici qu'au moment où nous avons porté la pierre chez M. Engelmann, de vrais amateurs qui se trouvaient là en ont de suite retenu des épreuves. » 1ᵉʳ état avant les retouches étrangères qui l'ont défigurée depuis. Deux épreuves, l'une n'a point de marge, l'autre est sur chine.

855. *Une lecture.* Prud'hon *inv. et del.* (Lith. de C. Motte.) Deux épreuves sur chine.

856. Aubry Le Comte, 6 pièces d'après Prud'hon. — Jules Boilly, 4 pièces.

RAFFET (Denis Auguste Marie),

Né à Paris le 1er mars 1804, élève de Gros et de Charlet, mort à Gênes
le 16 février 1860.

Nous avons suivi l'ordre du *Catalogue des œuvres de Raffet* que vient de
publier M. Hector Giacomelli. Nous ne pouvons que renvoyer les amateurs
aux descriptions claires et fidèles, aux documents pleins d'intérêt que renferme cet excellent travail.

851. Portrait inédit de Raffet, lith. par Auguste Bry. (Cat. Giacomelli, p. XLII de l'avant-propos.)

852. Croquis divers à l'eau-forte (I, II et III du cat. H. G.) Ces
pièces, qui ornent le livre de M. Giacomelli, ne se vendent pas
solément dans le commerce et les cuivres en ont été biffés.

853. Waterloo. (C. G., 63.) Grande pièce en largeur devenue
rare, la plupart des épreuves ayant servi depuis à orner des
paravents.

> C'est, par l'exécution surtout, une des plus belles pièces de la jeunesse
> de Raffet (1827). Charlet, sur sa demande, « teinta par de larges hachures
> quelques lumières laissées un peu trop vives. » (Voir *Raffet, sa vie et
> ses œuvres*, par Auguste Bry. Paris, 1861.)

854. *Tirez sur les chefs et les chevaux*, 28 juillet 1830. (C G., 75.)

855. *Combat d'Oued-Alleg.* (C. G., 82.) L'une des plus belles compositions militaires de notre époque. Épreuve sur chine à grandes
marges.

856. *La société des Frileux.* (C. G., 98.) Charge dans le goût de
Charlet à propos de « Jacques-Vincent Billoux, l'homme puissant » et de ses compagnons de bombance.

857. *Parade.* (C. G., 129.) Extrait du journal la *Caricature*.

858. Feuille de croquis à l'estompe. (C. G., 179.) 1er tirage, raris-
sime avec le portrait de M. A. Bry, et ces mots au bas : *Essai
lith. par Raffet, emploi du procédé A. Bry.*

859. Feuille de croquis au lavis. (C. G., 180.) 1er tirage, très-rare,
papier blanc ; au bas, le nom d'Auguste Bry.

860. Album pour 1826 et autres. (C. G., nos 211, 212, 214, 215,
218, 219, 277 et 287.)

861. Album pour 1827. (C. G., nos 274, 275, 276, 277 et 278.)

862. Croquis pour l'amusement des enfants. (C. G., nos 296, 299,
309, 315 et 316.)

863. Album de 1830. (C. G., nos 327 et 328.)

864. Album pour 1831. (C. G., nos 342, 343, 347, 349 et 350.)

865. Album de 1832. Frontispice sur chine ainsi que les numéros suivants. (C. G., nos 352, 354, 356, 360, 362 et 363.)

866. Album de 1834. (C. G., nos 379, 380, 383, 385, 387 et 388.) Sur chine.

Il est défendu de fumer, mais vous pouvez vous asseoir; et la Dernière charge des Lanciers rouges, à Waterloo, comptent parmi les compositions les plus justement populaires de Raffet.

867. Album de 1835. (C. G., nos 390, 394, 395, 298 et 401.) Le titre à part sur blanc, les autres pièces sur chine.

868. Album de 1836. (C. G., nos 405, 411, 413 et 416.) Sur chine.

869. La Revue nocturne. (C. G., 429.) L'une des plus belles et des plus émouvantes compositions de Raffet dont il a puisé la pensée dans la Ballade de Sedlitz. Très-belle épreuve sur chine, mais remontée, sans les vers et légèrement tachée d'encre.

870. *Retraite de Constantine.* (C. G., 536-542.) Suite complète de six compositions, couverture sur papier de couleur, titre et épreuve sur chine à grande marge, 1er tirage avec ces deux mots effacés postérieurement *Lith. de...*

871. *Prise de Constantine.* (C. G., nos 543, 544, 546, 548, 550, 554 et 555.) Couverture sur papier de couleur, titre et épreuve sur chine à grande marge.

872. Première pensée de la *Marche sur Constantine.* (C. G., 545.) Cet intéressant croquis est très-rare.

873. *Expédition et Siège de Rome.* (C. G., nos 557 à 567, 571 et 572.) Ens. 13 p., 1er tirage sur chine, coupé au bord du dessin.

874. *Voyage dans la Russie méridionale et la Crimée.* (C. G., nos 607, 616, 625, 632, 634, 638, 640, 648, 649, 653, 657, 658, 676, 678, 682, 683 et 685.) Ens. 17 p. sur chine.

ROBERT (Léopold),

Élève de David et de Ch. Girardet, né à La Chaux-de-Fonds
le 13 mai 1794, mort à Venise le 20 mars 1835.

875. Le repos du pâtre. Jeune Suissesse assise. Sur grand papier. —Croquis par divers artistes, no 68. 1er tirage.

ROQUEPLAN (Camille Jacques Étienne),

Élève de Gros et d'Abel de Pujol, né à Mallemort (Bouches-de-Rhône)
le 18 février 1802, mort le 29 septembre 1855.

876. *Album de 12 dessins* composés et dessinés sur pierre par

C. Roqueplan, 1830. Chez Motte, à Paris et à Londres. — Couverture. Une petite fille qui feuillette un album. — *Le chasseur breton.* — *Courses.* — *L'école.* — *Le rendez-vous.* — *Les chartreux.* — *Sauvetage.* — *La mare.* — *Les moines.* — *Le départ.* — *La chapelle bretonne.* — *Le parc.* — *La lecture.* Toute cette suite est numérotée de 1 à 12; elle porte en haut la lettre A et le n°...; au bas, *C. Roqueplan del.* (lith. de *C. Motte*), et les adresses de Motte à Paris et à Londres.

877. *Album de 12 dessins...* Chez Motte. — 13 pièces. Épreuve d'essai sur chine, avant toute lettre (sauf la *Plage*), avec un titre tiré à part.

878. Walter Scott. *La jolie fille de Perth et Kenilworth* (Imp. de H. Gaugain.) — 2 pièces sur chine. — Titres pour albums de romances. — 7 pièces sur chine, dont trois seulement sont avec l'adresse de Motte ou d'Engelmann.

879. Croquis par divers artistes, n°s 11 et 12, sur chine. — La procession. — Le bénitier — la Mort de l'espion Morris. — *Les trois dernières journées de juillet* 1830. (Lith. de Richebois.) N°s 1 et 2. — Marines, essais de lithographie au lavis. — 2 p.

SAINT-ÈVRE (Pierre Édouard Marie Gillot),

Élève de Pierre Guérin, né à Boult-sur-Suippe le 15 février 1791, mort en 1858.

880. *Henri III—le Fauconnier,* 1829. (C. Motte.)

SCHEFFER (Ary),

Élève de Pierre Guérin, né à Dordrecht le 10 février 1794, mort à Argenteuil le 15 juin 1858.

881. *Les Souvenirs d'un soldat.* — *Morton.* — *Le jeune malade.* — *Allons!...* — *La déclaration.* — *La Convalescence d'une mère.* — *Le vieux pâtre.* (G. Engelmann.) 1er état. Cette suite est sur chine, avant le nom d'Ary Scheffer, et les numéros.

SCHEFFER (Jean Gabriel),

Élève de Regnault, né à Genève le 12 dénembre 1797.

882. *Ce qu'on dit et ce qu'on pense.* Petites scènes du monde. Paris, chez Gihaut, et autres scènes. — 21 p. coloriées.

VERNET (Carle Antoine Charles Horace),

Élève de son père Joseph Vernet, né à Bordeaux le 14 août 1758,
mort à Paris le 28 nov. 1836 ; membre de l'Institut.

883. Costumes grotesques de 1760, 1821 et 1825. — 4 p. coloriées.
Accidents de chasse. 3 p.—Scènes militaires.—Croquis divers.
—Animaux.—Titres d'albums.—29 pièces.

D'après Carle VERNET.

884. *Les Anglais à Paris, le Marchand de saucisses*, etc. 11 p. gravées
à l'aquatinte par Debucourt et coloriées. Anciennes épreuves.

885. *Route de poste, route du Marché, route de Poissy et route de Saint-
Cloud.* 4 pièces en couleur par Debucourt.

886. *Le marchand de chevaux normands.* Pièce en couleur par Cha-
ron, et 2 autres pièces par Debucourt.

887. *Le gastronome sans argent.* Commarieux, *sculpt.*

VERNET (Horace Jean Émile),

Élève de son père Carle Vernet et de Vincent, né à Paris le 30 juin 1789 ;
membre de l'Institut.

[Nous nous sommes conformé, pour la rédaction de notre catalogue,
à l'ordre établi dans les cartons de M. de La Combe.]

888. Portraits de M. Horace Vernet, par divers.

889. Madame Perregaux, buste tourné vers la droite, *H. V.* (Lasteyrie) et une copie par M. Denon.—Madame Perregaux debout,
les bras croisés, dans un jardin. *H. Vernet.*

s. n. Calque sur papier végétal du portrait de Cyrus, enfant du
maréchal Gérard.

890. Boyer, président d'Haïti. *H. Vernet.* 1ᵉʳ état avant Engelmann.

891. CARLE VERNET, en buste. *H. Vernet.* (Motte.) Premier état
avant le nom de Carle Vernet.—CARLE VERNET, debout dans la
campagne dessinant sur un calepin. *H. Vernet,* 1818. 2ᵉ état avec
l'adresse de Motte.

892. LE PETIT OISELEUR. *H. Vernet,* 1ᵉʳ mai 1818, Paris. (Engelmann.) C'est le portrait de M. Henri Bache Thornill.

893. LOUIS-PIERRE LOUVEL, *dessiné à la Chambre des pairs.* (Delpech.)

894. MAURO CORDATO, CHEF DU GOUVERNEMENT DE LA GRÈCE. *H. V.* (Delpech.) *Se vend au profit des refugiés grecs.*

895. CHAUVELIN. *H. Vernet,* 1823. (Delpech.) 1er état avant le nom en lettres anglaises.

896. DUPIN AÎNÉ, AVOCAT. Sur chine. 2e état avant la forme ovale.

897. MAHOMET ALI PACHA. *H. Vernet.* 1818 (Delpech), *la tête dessinée d'après un croquis de M. le comte Forbin.*—Deuxième état, avec cette variante : *La tête copiée sur un dessin fait par M. le comte de Forbin.*

898. EL GENERAL QUIROGA. *H. Vernet,* 1820.

899. MORT DU PRINCE JOSEPH PONIATOWSKY. *H. Vernet.* 1817.

900. SINNÉ, *sauvage du désert du Sahara. Voyage en Afrique.*

901. PERLET, *rôle de Regnaudin* dans *la Maison en loterie. H. V.* (Engelmann.)

902. TALMA, *rôle de Sylla. H. V.*

> Je les vois tous, les bras
> Vers mon lit étendus.
> . . . .

—Deuxième état avec des travaux ajoutés sur le lit sur lequel est étendu le dictateur.

903. Le général en retraite Schmitz mesurant des pierres de taille. *H. Vernet.* 2e état, avec la réclame adressée aux constructeurs.

904. LE GÉNÉRAL FOY. *H. Vernet.* (Delpech.) Premier état, avec une légère différence dans l'extrémité du nez.—LE GÉNÉRAL FOY. *H. V.* Autre portrait également en buste, sans les bras indiqués.

905. Vignette pour placer au-dessous d'un portrait de *Pelletier de Chambure,* par Singry.

906. M. de Verdière, à cheval, en colonel de hussards.

907. Portrait en buste et de face du général Sébastiani. *H. V.* Sur chine. Premier état, avant quelques retouches aux cheveux, à la bouche et au menton.

908. Le comte Muraire, premier président à la cour de cassation. *H. Vernet.* (Engelmann.) Sur chine.

909. Madame la maréchale Macdonald, décolletée, en buste; la tête tournée vers la gauche. *H. Vernet.* (Delpech.)

910. M. Bruzard. *H. Vernet,* 1828. Sur blanc et sur chine.—Autre

portrait de M. Bruzard (beaucoup moins ressemblant que le précédent). Il porte la croix à la boutonnière. *H Vernet*, 1828. (C. Motte.) Sur chine.—Premier état avant le nom.

911. Pierre Guérin. *H. Vernet, Rome,* 1830. — Épreuve d'essai avec des essais de crayon sur l'angle de la pièce.

912. PIE VIII. *H. Vernet, Rome,* 1830. (Delpech.) — Premier état avant la lettre et avec quelques essais de crayon sur l'angle de la pierre.

913. Le prince Édouard Gagarine. *H. Vernet, Rome,* 1832. Debout, en costume de page, la main appuyée sur une table. Sur blanc et sur chine.

914. BROD, premier hautbois de l'Académie royale de musique. *H. Vernet, L. Viardot.* (Lemercier.)

SUJETS DIVERS.

915. Lancier de l'ex-garde impériale en vedette. *Horace Vernet,* 1816. (Engelmann.)

916. Grenadier de la garde, le bras en écharpe. *Horace Vernet,* 1817.

917. Napoléon debout sur un cap de l'île d'Elbe. 2ᵉ état, avec cette signature *Horace Vernet,* 1817, effacée.

918. Grenadier assis sur les débris d'un affût au milieu d'un champ de bataille, croquis. *H. Vernet.* Premier état, avant ces mots : *Lithographié par Engelmann.*

919. *La pièce en batterie.—La pièce en action.*

920. *Blessés français attaqués par des Cosaques.* — Autre épreuve avant ce titre. Cette pièce et les précédentes portent *H. Lecomte et H. Vernet fecerunt,* 1817, et l'adresse de Engelmann.

921. *A la grâce de Dieu.* Deux épreuves dont l'une avant l'adresse de l'*imprimerie lithographique* du comte de Lasteyrie.

922. *Mathilde et Malek-Adhel.* 2ᵉ état, avec *H. Vernet,* 1817. (C. de Lasteyrie.)

923. *Les adieux.* 2ᵉ état, avec C. de Lasteyrie.

924. *La cuisine militaire. H. Vernet,* 1817. (Lasteyrie.)

925. *La cuisine au bivouac.* (Delpech.)

926. *Soldats jouant à la drogue.* — *Les suites du jeu de la drogue.* —*La Réconciliation. Horace Vernet,* 1818. (Lasteyrie.)

927. Tombeau du général Moncey, 1818. 2e état, avant C. de Lasteyrie.

928. Mort de Tancrède, 1818. 1er état, avant le titre.

929. Passage d'une rivière.

930. *Scène d'Auvergne en* 1812, deux épreuves, la seconde avec l'adresse d'Engelmann à gauche.

931. *Bivouac français,* 1818. — *Prise d'une redoute par les grenadiers français.* 2° état, avec C. Lasteyrie.

932. *A stage-coach.*—*Malle-poste,* 1818. (Delpech.) — Autres épreuves de chacune de ces deux pièces avant le titre.

933. Un commissionnaire portant sur ses crochets une pierre lithographique sur laquelle on lit : *Croquis lithographiques par H. Vernet,* 1818.—Premier état avec la pierre blanche, et avant l'adresse de Delpech.

934. Don Quichotte.— Paysanne filant en gardant ses vaches.— Officier d'artillerie parlant à un soldat démonté.—Embuscade d'infanterie contre les Cosaques.—Trois hommes dans une barque.—Toutes ces pièces sont en largeur et portent au bas : *H. Vernet,* 1818.

935. Deux soldats ivres s'embrassant. — Invalide faisant sauter un enfant.—Grenadier sentinelle dans la neige.—Procession rentrant au couvent.—Ces quatre pièces sont en hauteur, et portent au bas : *H. Vernet,* 1818. Elles ont leurs doubles sur papier teinté.

936. Turc avec sa maîtresse, surpris par des assassins. Premier état, avant que la pierre n'ait été en partie brisée.

937. Ses premiers pas annoncent ce qu'il doit être un jour. — Départ du jeune Grivet pour l'armée.—Équipement militaire du jeune Grivet.—Premier fait d'armes du jeune Grivet.—Amusements de Jacques Grivet pendant la paix.—Suite avant la lettre.

938. *Route de Naples.* (Delpech.)

939. Famille de hussard au bivouac.

940. *Conrad sauve Gulnare de l'incendie.* Premier état avant la lettre ; deuxième état. *H. Vernet,* 1819.

941. Tirailleur derrière un mur.—*L'apprenti cavalier*, 1819. — Premier état de cette dernière avant la lettre.

942. *Imprimerie lithographique de Delpech.* Soldat blessé à cheval, conduit par un paysan.—Premier état avant le titre.—Jeune soldat jouant du flageolet.—Grec assis près de sa maîtresse.— Une plage.—Combat d'infanterie.—Moine debout en méditation.—Religieuse dans un *in-pace.*—Deux chevaux de ferme dans un hangar. —Cheval de cosaque broutant un sapin.

943. Lazzarone debout, assis sur un parapet. La pierre s'est cassée et n'a tiré que quelques épreuves.

944. Lazzarone debout appuyé sur un long bâton.

945. *Manfred et le chasseur, H. Vernet*, 1820. (Lord Byron.)— Artilleur allumant une mine. — *Escorte russe.*—Soldat, je le pleure. 1er état, avant le titre. — Débarquement de marins armés.

946. La sœur de charité. (G. Engelmann.)

947. *Le général Maurice Gérard, à Kowno, 1813. Dédié aux électeurs du département de la Seine.* (Delpech.) — Premier état sur chine avant ce titre.

948. Les Osages. (G. Engelmann.) Sur chine.

949. *Scène historique aux environs de Barcelone,* avant la lettre. — Croquis inachevé pour cette pièce.

950. Chasseur à cheval chargeant. — Les Fourrageurs. — *Petits! petits! petits! — Tiens ferme! — Leicester et Amy Robsart.* — Naufrage de don Juan. — *Chevaux de poste anglais,* avant le titre. — *Marchand d'esclaves,* avant le titre. — Marchand de poissons hollandais, avant le titre. (Delpech.)

951. *Chien de métier! — Coquin de temps! — Gredin de sort! — J'te vas descendre! — Qui dort dîne. — Écossais combattant. — Le serment.* (Delpech.) Toutes ces pièces sont accompagnées du premier état, avant le titre.

952. *La fiancée d'Abydos. — Mon caporal, je n'ai pu avoir que ça! — Mon lieutenant, c'est un conscrit. — C' n'est pas un lapin, non c'est le chat!*

953. *Soldat français instruisant des Grecs.* (Delpech.) — Premier état, avant le titre.

954. *Les Forçats.* (Delpech). — Premier état avant le titre.

955. *Le Rendez-vous*. (Delpech.)

956. Vue du lac Majeur, *H. Vernet pour sa nièce*, 1828. (Lith. Mendouze.)

957. Courrier à cheval. *Paris, H. Vernet, 1831*. (Lemercier.)

958. *Garde-bœuf, guarda bovi. Paris, H. Vernet, 1831*. (Delpech.) — Premier état, avant ce titre, l'adrésse et le trait carré.

959. *Sepolcro di Rafaello di Urbino scoaperto il 14 settembre 1833, al Panteon*. (Litografia delle belle arti di G. Ceccarini, Roma.) Signée dans la pièce : *H. Vernet, Rome*, 1834, chine.

SUJETS DE CHASSE.

960. Paysan parlant à un chasseur. — Chien en arrêt. *H. Vernet*, 1818.

961. Tête de chien braque. — 2e état, avec les lettres H. V.

962. Chasseur africain, *H. Vernet*, 1818.

963. Repos de chasseurs. — Chasseur appuyé contre un mur.

964. Garde-chasse rentrant un chien au chenil. Cette pierre, restée inachevée et biffée par l'artiste, n'a tiré que peu d'épreuves.

965. Garde au bois avec un chien courant, tenant une branche d'arbre. Croquis inachevé.

966. *Garde furetant à blanc*. — Premier état avant le titre. — *Le braconnier.—Battue au bois.*—Premier état avant le titre.—*Battue en plaine*. — *Allons, bonne chance !* — Premier état avant le titre.— *Après, après ! là, mes beaux !* — Premier état avant le titre. — *Ça rapproche. — Hallali !* — Départ pour la chasse au marais. — Chasse au marais.

967. Lever du valet de limier. —*Rapport du valet de limier.* — *Hallali du cerf*. Sur papier teinté et sur blanc.

ILLUSTRATIONS POUR DIVERS OUVRAGES.

968. Suite de vingt pièces pour les fables et les contes de La Fontaine.—*Les Voleurs et l'Ane ; l'Homme entre deux âges et ses deux maîtresses ; le Maître d'école et l'Enfant ; le Lion et le Moucheron ; l'Astrologue qui se laisse tomber dans un puits ; la Chatte métamorphosée en femme ; les Membres et l'Estomac ; la Vieille et les deux Servantes ; la Fortune et le jeune Enfant ; le Villageois et le Serpent ; l'Oiseleur, l'Autour et l'Alouette*, et premier état de cette pièce ayant

le titre et l'adresse d'Engelmann. — *La jeune Veuve; la Fille; la Laitière et le pot au lait.* — Premier état avant le titre; *le Savetier et le Financier.* — Premier état avant le titre; *les Femmes et le Secret.* —Premier état avant le titre; *l'Ours et l'Amateur des jardins; les Deux Pigeons.* — Premier état avant le titre; *l'Écolier, le Pédant et le maître d'un jardin; l'Huître et les Plaideurs; Nicaise.* (G. Engelmann et la dernière chez Langlumé.)

969. Suite de 18 sujets pour la *Henriade.* — *Je hais, je veux punir.* —Premier état avant le titre; *Il quitte avec regret...* — Autre état très-rare de cette pièce, imprimé chez Langlumé avec la signature à droite. — *Reine, l'excès des maux...; Et bientôt dans le flanc...* — Premier état avant le titre; *J'ordonnais, mais en vain...; Votre sort, ai-je dit...; Il se présente aux Seize...* — Premier état avant le titre; *le Monstre, au même instant. .* — Premier état avant le titre; *Armé d'un fer sanglant...* — Premier état avant le titre; *Ce panache éclatant...; Et couvrit en pleurant...* — Premier état avant le titre; *Elle tient dans ses bras...; Sur ce fier ennemi...*—Premier état avant le titre; *Le roi marche incertain...; D'Estrée à son amant...; Enfin d'un coup mortel...* — Premier état avant le titre; *Cependant des soldats...* — Premier état avant le titre; *Quel est de ces mourants...* Toutes ces épreuves sont sur chine.

970. *Éclaireur du premier rang.* — *Éclaireur du deuxième rang.* Deux pièces extraites d'une brochure publiée en 1817, par M. de Bourge : *Quelques idées sur les troupes à cheval en France...*

971. *Manejo del sable... Anno de 1819. Por J. V. M. de F.* 1819. (G. Engelmann.) Titre pour un ouvrage espagnol.

972. W. Pitt. *H. Vernet.* Tombeau de Ch. Fox. *H. Vernet.* (Engelmann.)

973. Sept culs-de-lampe , extraits des *Voyages pittoresques de l'ancienne France.* Combat de deux chevaliers; Falaise de Fécamp; la Croix des matelots; Naufragés sur une plage d'Écosse; Combat à Arques; Porte de ville d'Aumale; Jeune femme étranglée dans sa prison avec ses propres cheveux; Martyre de saint Valérien.

974. Croquis extrêmement peu avancé pour la dernière pièce du numéro précédent.

975. *Entrée du port du Havre.* — *Grande église de l'abbaye de Jumièges.* Grandes pièces extraites de l'ouvrage du baron Taylor. Sur chine.

976. *Voyage en Afrique;* Six des naufragés...; Camp. de Sidi-Hamet. (C. Motte). Premier état avant toute inscription.

977. *Voyage en Arménie et en Perse; Combat d'un Kurde et d'un Persan.* 2 épreuves dont l'une sur chine.

978. Cours de Zoonomie...; billet d'entrée pour le cours professé par M. Héreau. — *Tableau du squelette de l'homme.*

979. Intérieur d'un jardin à Constantinople. Paysage par Bourgeois, 1818, fig. par H. Vernet. — Ismaël et Mariam. (Engelmann.) — Massacre des Mameluks rebelles dans le château du Caire, épreuve avant les retouches de Weber et l'explication qui suit le titre. — Deuxième état avec l'explication. Cette pièce, ainsi que les deux précédentes, est tirée d'un *Voyage dans le Levant,* publié en 1819, par le comte de Forbin.

980. Enfance de Napoléon. Deuxième état avec l'adresse de C. Motte à droite.—Pont d'Arcole.—Retour de Syrie.—Premier état avant le titre. Ces trois planches sont extraites de la *Vie politique et militaire de Napoléon,* publiée par Arnault, en 1822.

981. Vignette pour un déjeuner hebdomadaire des gardes nationaux. *H. Vernet,* 1820.

982. *Grenadier à pied, ex-garde;* — *Cavalier,* 1790, extrait de la *Collection des uniformes des armées françaises.*

983. *Partisan volontaire.* (C. de Lasteyrie.) Pièce destinée à l'ouvrage de Lemière de Corvey, 1822, *Des partisans et des corps irréguliers...* Premier état, avec l'adresse au-dessous. — Deuxième état, avec l'adresse à droite.

> En *fin fond de forêts, il est un chêne antique*
> *Dont le tronc dépouillé porte un nom historique...*

984. Vignette, accompagnée de 4 vers, pour un livre de M. Mac-Mahon, intitulé *la Saint-Hubert.*

> *Lorsque de vils brigands une horde barbare*
> . . . .

985. Vignette, accompagnée de 4 vers, pour *Mes souvenirs ou les premiers Français en Pologne,* par J. B. Thiriet, 1822.

986. *Édith au col de cygne,* pour *les Esquisses et pochades* de M. Jal. 1827.

987. GALERIE DU PALAIS-ROYAL, *le duc d'Orléans à Vendôme;* en collaboration avec Morin et Guénot. Sur chine.

988. Un Arabe fumant assis sous un arbre, et Jeune femme sur un cheval ailé au galop. Cette dernière pièce en collaboration avec madame E. Boulanger. Deux vignettes à la plume pour le *Livre d'or* de Curmer.

989. *Le Troubadour français au tombeau de Poniatowsky.* — Premier état avant le titre.

990. Le champ d'Asile. (G. Engelman.) Premier état, sur-chine, avant l'adresse.

991. Jeune paysanne assise à âne. *A Lyon, ce 1er janvier* 1820.

992. *Le saut de la chèvre.* — Premier état sur chine, avant le titre et la musique. — Le Paria de Bengalore ; premier état, *dito.* — *Il Flauto magico.* — Premier état, *dito.* — La Clémence de Titus ; premier état *dito.* — Don Juan ; premier état sur chine, *dito* — Les petites musiciennes ; premier état sur chine, *dito.*

D'après Horace VERNET.

993. Costumes de modes du commencement de la Restauration. —4 p. gravées par Gatine ; coloriées.

WATTIER (Émile),

Élève de Gros, né à Paris le 17 novembre 1800.

994. La confidence amoureuse. Eau-forte. Épreuve sur chine, sur grand papier, publié par l'*Artiste.* — *Vitrail de l'église d'Eu.* Eau-forte. Épreuve sur chine, grand papier ; publié par l'*Artiste.*

W. WYLD.

995. Marine et feuille de croquis de bateaux et de navires. 1830. (C. Motte).—2 pièces sur chine.

WINTERHALTER (François Xavier),

Né à Bade en 1806.

996. *Paganini.* Nach der natur geg. v. Winterhalter. (Lithog. de V. Wetten.)

997. *Le Musée grotesque.* Suite d'environ 50 caricatures, publiées sous la Restauration et s'attaquant autant à la politique qu'aux mœurs et aux ridicules du moment. — Gravures coloriées.

998. Portraits et charges d'acteurs de divers théâtres sous la Restauration. — 10 pl.

999. Caricatures diverses par Gérard Fontallard. — 11 pl.

1000. Caricatures diverses par Bouchot, Paul Louis, etc. — 20 pl.

1001. *Métamorphose d'Arlequin.* Parades jouées sur le Théâtre-Français. 1826, à Bruxelles. — Caricatures politiques. — Suite de 12 pl. coloriées.

1002. Environ 260 lithographies et gravures coloriées, publiées en France et en Angleterre, depuis l'Empire jusqu'aux premières années du règne de Louis-Philippe.

1003. *Folies caricaturales.* Album baroque par H. Emy. Chez Aubert. — 71 pl.

1004. Caricatures sur les beaux-arts. — 6 pl.

1005. Caricatures publiées en Angleterre pendant les dernières années de la Restauration et les premières années du dernier règne. — 25 pl.

1006. Un grand nombre de lots contenant des lithographies, eaux-fortes, burins, par divers maîtres modernes.

1007. Un grand nombre de lots d'estampes anciennes.

OUVRAGES DIVERS

1008. LA GAZETTE DES BEAUX-ARTS. Collection complète depuis la fondation jusqu'au 1er janvier 1863. 13 volumes en livraisons.

1009. L'ARTISTE. 34 volumes, brochés, commençant avec la deuxième série.

1010. LES BEAUX-ARTS. L. Curmer, 1843-1844. 2 vol. en livraisons non complètes. Avec gravures.

1011. *Album des Beaux-arts.* L. Curmer, 1843.

1012. Album dédié à son A. I. Mgr le grand-duc Michel, contenant seize lithographies d'après les dessins originaux d'Orlowsky, exécutées par M. Drouillien, peintre d'histoire.—Saint-Pétersbourg, 1823.

1013. *La Bretagne pittoresque,* ou choix de monuments, de costumes et de scènes de mœurs, dessinés et lithographiés par MM. Rouargue et Saint-Germain, avec un texte par M. Émile Souvestre.—A Nantes et à Paris. 10 p. avec le texte.

1014. *Les Contemporains français et étrangers.* Recueil iconographique par MM. Mauzaisse et Grevedon. 1826. Chez Ch. Motte. Environ 80 pl. accompagnées de fac-simile.

1015. *Danse des morts.* Suite d'environ 145 pièces anciennes et modernes, gravées sur bois et sur métal, relatives à la mort. Cette suite renferme des pièces fort curieuses, réunies et montées sur papier dans un carton.

1016. Galerie Aguado. Choix des principaux tableaux de la galerie de M. le marquis de las Marismas del Guadalquivir.—Paris, chez Gavard, 1839.—36 planches et un double titre sur chine. Épreuves de choix sur blanc, avant la lettre.

1017. Fables choisies de La Fontaine, ornées de figures lithographiques de MM. Carle Vernet, Horace Vernet, Hippolyte Le Comte. Paris, Engelmann, 1818. 2 vol. cartonnés de vert.

1018. *Galerie des musiciens célèbres*, contenant leurs portraits lithographiés sous la direction de M. Chabert, des fac-simile et leurs notices biographiques par F. J. Fétis. Paris, chez Chabert—Les 3 premières livraisons complètes.

1019. *Galerie des peintres*, ou collection de portraits des peintres les plus célèbres, par M. Chabert, homme de lettres, et M. Franquinet, peintre. — Paris, Jules Didot l'aîné, 1823. Environ 45 portraits d'artistes avec leur monographie.

1020. Musée Bouillon et reproduction de tableaux anciens.— 15 pièces gravées.

1021. Portraits divers de femmes : mademoiselle Mars, mademoiselle Georges, etc.—32 p. — Portraits de femmes célèbres par H. Grevedon, accompagnés du fac-simile de leur écriture.— 20 pièces.

1022. Portraits divers d'hommes, par Mauzaisse et autres.—Environ 38 p.—Portraits d'hommes célèbres, par divers artistes, accompagnés de fac-simile de leur écriture.—65 p.— Portraits divers d'hommes.—20 p.—Portraits du duc de Bordeaux.—3 p. avant la lettre.

1023. Recueil de 30 croquis lithographiés, représentant des scènes et costumes russes, dessinés par divers artistes. 1821. Chez Engelmann.

1024. *Les Siècles de la monarchie française*, par M. le comte Achille de Jouffroy et J. J. Jorand.—Paris, Firmin Didot, 1823.—Première partie, époque celtique, avec les pl. sur chine.

1025. Travaux d'Hercule, composés par N. Poussin pour la décoration de la grande galerie du Louvre, gravés par A. Gelée, d'après les dessins qui font partie du cabinet de E. Gatteaux. 1850.—Cahier broché, 20 planches à l'eau-forte.

FIN.